奔驰汽车、芭比娃娃、可口可乐……一起来听听世界大品牌从诞生到成功的故事吧！

精品中的精品

世界50大品牌

作者:(韩)向日葵　　绘图:(韩)黄　灿　　翻译:金向德

九州出版社 JIUZHOUPRESS | 全国百佳图书出版单位

前言

虽然随着时间的不断推移,时代在发生着变化,但在我们的日常生活中,许多东西并没有因为时代的变迁而使人们失去对它们的厚爱。大家有没有想过这些东西是如何诞生的呢?又是谁创造了它们呢?

这些深受人们喜爱的世界著名品牌诞生的过程是非常有趣的,它们各自产生的原因也是非常独特的。

比如说,最初谁也没有把可口可乐当成商品,但它现在却成为世界性的品牌。吉列剃须刀因其性能好,使用安全的特点,至今仍然受到人们的广泛喜爱。

此外,像索尼公司首次生产的随身听和3M公司生产的便利贴,

起初都被认为是失败的产品，但它们却给我们的生活带来了很多的便利。

这些世界著名的品牌能够延续至今，都是源于那些创始人们辛勤劳动和不懈努力的成果。本书收录了享誉世界的50大品牌，给大家提供了一个了解这些著名品牌的机会。这些品牌，使大家过上更加便利、快乐、健康的生活。

就请大家听听这些品牌诞生的过程及其背后的成长故事吧。

这些世界著名品牌的创始人们，他们的挑战精神和奇妙的点子一定会给大家带来勇气和自信。

作者：（韩）向日葵

目录

目录

麦　当　劳

名牌的诞生

麦当劳兄弟为了实现成为电影明星的梦想，离开了故乡。1940年，生活并不如意的他们，在加利福尼亚的圣贝纳迪诺开了一家餐馆。他们的餐馆以经营烤肉为主，和其他餐馆比起来并没有什么特别之处。

兄弟俩经营了一段时间以后发现，客人们都希望能够缩短等餐的时间。于是，他们从1948年开始开发快餐了。新开的店面，墙上贴了红色和白色的瓷砖，还画了一个大大的“M”标志。

他们还买了几辆自行车，用来送外卖。在麦当劳店里，大部分的食品是已经准备好的，客人们可以及时点餐，及时食用。因其价格便宜，食用方便，店内设施非常干净明亮，受到了很多人

Hello!
I'm 麦当劳

品牌：麦当劳
（McDonald's）
国家：美国
创始人：麦当劳兄弟
最佳经营者：雷·克洛克
主要领域：快餐

的喜爱。麦当劳兄弟陆续开了多家这样的分店。

有一天，一个叫做雷·克洛克的人为了推销奶昔机来到麦当劳。雷·克洛克看到麦当劳客人非常多，再加上简单而有效的经营模式，产生了浓厚的兴趣。

雷·克洛克改变了主意，他向麦当劳兄弟提议，要加盟这项事业。获得许可的雷·克洛克，1955 年在芝加哥开了第一家麦当劳店。

6 年后，雷·克洛克把麦当劳兄弟的商标权、注册权以及经营权，全部收购了。

1967 年，麦当劳开始进军海外市场，此后的四十几年间，麦当劳遍布世界各地。现在，我们在很多地方都能见到麦当劳的标志。

不断的挑战

雷·克洛克遇到麦当劳兄弟之前，在一家造纸公司当了17年的推销员。

但是，有一天，他突然发明了一次能生产五杯奶昔的机器。于是，他认为机会来了。擅长推销工作的雷·克洛克立即辞去了原来的工作，干起了推销奶昔机的工作。

在推销过程中，他遇到了麦当劳兄弟，最终收购了麦当劳。他把麦当劳的基本经营原则放在快速周到的服务和干净整洁的环境上。

麦当劳餐厅非常干净，以至于有这样的说法，小朋友们不是因为麦当劳的汉堡好吃才去麦当劳，而是因为那里非常干净，所以才爱去。

雷·克洛克不仅努力地改善食物的品质，而且在食品的材料以及汉堡的包装方面都下了不少功夫。比如，他发现薯条的长短不一后，特意去挑选了品质优良的土豆，并与那些农民进行长期的合作。

另外，雷·克洛克还严格地对放入汉堡中的肉片的大小和重量进行把关，并统一了规格。他统一了汉堡的重量，面包片的大小，菜叶的量等。他还为消费者开设了专门的奶酪吧，并开发了新菜单。

虽然雷·克洛克与麦当劳相遇时已经50几岁了，但他以坚定的意志和决心，最终把麦当劳打造成了世界性的著名品牌。

↑麦当劳商标

品牌背后的故事

麦当劳之所以能成为世界性的品牌，是因为它不局限于美国，而是把整个世界当成了自己的销售市场。它在世界各地开设分店，因地制宜，努力开发适合当地人口味的食品。

德国的麦当劳卖啤酒，菲律宾的麦当劳卖鸡肉卷，而挪威的麦当劳则开发了鲑鱼三明治。另外，印度人不吃牛肉，所以在印度用羊肉代替了牛肉。在韩国可以吃到辣白菜汉堡和烤肉汉堡。因此，麦当劳在世界各地都受到了广泛欢迎。

香 奈 儿

名牌的诞生

Hello!
I'm香奈儿

品牌：香奈儿（CHANEL）
国家：法国
创始人：加布里埃·香奈儿
主要领域：女装

香奈儿是由一个叫做加布里埃·香奈儿的法国女性创办的品牌。

1910年，香奈儿在一座海滨小城开设了一家女服装店，从此进入服装领域。在当时，用网格和羽毛装饰的帽子成为女性青睐的主流，但香奈儿并没有一味地去追求主流，而是摘掉了华丽的装饰品，设计出了自己独有的样式。

从帽子开始做起的香奈儿，自由奔放的设计理念在巴黎受到了广泛的关注。曾经追求华丽时尚装饰的女性们，越来越开始认识到香奈儿服装的自由奔放。

第一次世界大战以后，香奈儿服装更是受到了女性的青睐。在此之前，大部分女性穿的都是比较保守的衣服，到了1920年，短衬衫加上短裙子，没有袖子的羊毛衫等新风格成为欧洲与美国的主流。

此外，香奈儿在 1921 年开发了“香奈儿 NO.5 香水”。至于“5”这个数字，不是因为它有什么特别之处，而是因为它是第 5 个样品。当时的香水大多是花香型，但香奈儿却不是那样。对此，香奈儿解释说：“女人不是花，为什么身上一定要有花香味呢？”这样的解释，让人们看到了香奈儿追求自由的性格。

时装用语

谈到时装时，香奈儿是不得不提的品牌。

香奈儿已经成为一种风格，人们把到膝盖的短裙线条叫做“香奈儿线条”，把到腰部的直线型夹克叫做“香奈儿夹克”。香奈儿已经成了时装用语。

香奈儿的手包，设计了比较长的肩带，解决了女性手包必须要挽在手上的不便之处。

不拘束于传统观念的香奈儿，以自由自在的风格，创出了以自己的名字命名的“香奈儿”品牌。

不断的挑战

20 世纪初，上流社会的女士，流行穿紧贴皮肤的紧身衣和不自然的衣裳。但是香奈儿却与她们不同，她喜欢两件式套装或者骑马裤、小夹克等。

香奈儿把男性服装舒适的特点，注入了女性服装上。香

商标的故事

香奈儿商标是由字母C交叉而成的。

20世纪80年代，香奈儿的接班人卡尔·拉格菲尔用纽扣、手链等设计了香奈儿商标。

香奈儿著名的双C标志让全世界的名流为之疯狂。

奈儿把用于男性内衣的布料活用到了女性服装上，还把看起来乱糟糟的长裙剪短了。然后，还设计了低跟的皮鞋和七分裤。

香奈儿主张“高雅、简约、精美”的设计理念，她给女性带来了“自由”。香奈儿自然而然地成了最有名的设计师。

但是，到了20世纪30年代，香奈儿服装受到了意大利一家知名品牌的冲击，遭到了沉重的打击。人们都认为,属于香奈儿的时代已经过去了。

在第一次世界大战中，因勇于创造新风格而受到广泛关注的香奈儿,在 1938 年销声匿迹了。不过香奈儿的时代并没有完全结束。15 年后,香奈儿重新举行了新装发布会。这次发布的新装主要以高雅和简约为特点。香奈儿的新装重新获得了世界的认可。

1960 年,香奈儿服装重新回到了女性的衣柜当中,不仅在法国大受欢迎,在美国也受到了很高的评价。

品牌背后的故事

1883 年出生于法国的香奈儿,很小就成了孤儿。18 岁时,香奈儿白天在服装室工作,晚上在俱乐部唱歌。她唱过的歌曲《知道 COCO 吗》中的“COCO”成为她永远的艺名。

直到去世之前,香奈儿每年都举办新装发布会。虽然她的童年很不幸,但是她凭借坚强的意志造就了时装界的一个世界名牌。香奈儿同居里夫人一样被誉为世界女强人。

乐　　高

Hello!

I'm 乐高

品牌：乐高

（Lego）

国家：丹麦

创始人：奥勒·基奥克·克里斯第森

主要领域：玩具

名牌的诞生

乐高积木的发明者是丹麦的奥勒·基奥克·克里斯第森。20世纪30年代，他在一家木工厂工作时，用木头给自己的女儿制作了积木玩具。这种简单的玩具不仅使女儿十分高兴，而且还受到了其他小朋友们的欢迎。

从此，克里斯第森设计了“乐高”商标，并开始热衷于制作各种小玩具。虽然是用木头做的小玩具，但是前来购买它的人却非常多。克里斯第森有时都忙不过来。

可是，有一天，乐高的木头玩具仓库发生了火灾，仓库里所有的积木玩具全都化为了灰烬。克里斯第森非常伤心，不过，不久他就想到了制作玩具的更好的办法。

他认为玩具的材料是木头，所以才会引起那么大的火灾；而且木头还需要一个个地去雕刻，既费时又费力。

克里斯第森决定换成用塑料来做积木。只要有模具就能进行大量的生产，还可以随意地选择色调和样式。

这种塑料积木一头有凸起，另一头有可嵌入凸起的孔，靠小朋友自己动脑动手，可以拼插出变化无穷的造型。

令人爱不释手的乐高玩具，成为全世界儿童的首选玩具品牌。

不断的挑战

乐高还特意为孩子们建造了乐高乐园。乐高乐园里的所有实际建筑物都是用积木搭成的。在那里，孩子们可以尽情地发挥自己的想象力和创造力，去搭建自己想搭建的东西。

建造乐高乐园的准备工作非常慎重。丹麦、英国以及美国的乐高乐园都有不同的风格。

首先，要收集有关国家的相关资料。

然后，选一个美丽而独特的地方，进行实景拍照。接着按照照片设计图纸，并制作出理想的外观模型。

最后，按照一定的比例，用积木一层一层地去搭建建筑物。不仅搭建建筑物，还要搭建房子、汽车、人和其他动物。

上门销售

乐高玩具首次出口到德国时，主要以上门销售的方式为主。

克里斯第森让职员们去那些大型玩具销售店，推销乐高玩具。

这使乐高玩具从一个默默无闻的小品牌，变得广为人知。

比如说，英国的乐高乐园建造了大约800个建筑物。它们都是用乐高积木搭成的。

↑乐高乐园

乐高玩具之所以到现在还那么有名，是因为不断地开发新商品和新技术，以及努力地帮助孩子们培养想象力的结果。

品牌背后的故事

乐高公司不仅制造孩子们喜欢的玩具，而且还设置了“乐高奖”。奖给那些对改善世界儿童生活条件作出重要贡献的个人和团体。

这个奖项被誉为孩子们的诺贝尔奖。奖项的获得者不是通过激烈的竞争产生的，而是根据乐高各个分公司推荐选拔出来的。“乐高奖”专门奖给那些默默为儿童作出贡献的人们，所以比其他任何奖项都有着特殊的意义和分量。

微　　软　Microsoft®

Hello!
I'm 微软

品牌：微软
（Microsoft）
公司名称：微软公司
国家：美国
创始人：比尔·盖茨
主要领域：操作系统

名牌的诞生

比尔·盖茨的父亲是律师，母亲是老师。他在上学时，成绩一直遥遥领先。他还喜欢想象、思考以及看书。

在上中学时，比尔·盖茨第一次见到了电脑。他非常喜欢电脑，偶尔他还偷偷躲进学校的电脑房，一直待到第二天早上。

在当时，电脑还不是十分普遍，大多数人都接触不到电脑。比尔·盖茨心想，早晚有一天，人人都会拥有一台属于自己的电脑。

1973 年，比尔·盖茨考进了哈佛大学，开始了他的大学生活。但是，个人电脑一问世，比尔·盖茨小时候的梦想就被重新点燃了。

虽然个人电脑已经出现，但是还需要有一种简便的电脑软件。于是，比尔·盖茨中途放弃了学业，与朋友一起合作创办了微软公司，开始开发电脑软件。

比尔·盖茨为了开发软件，经常废寝忘食地工作。

在一间仓库里，比尔·盖茨专心致志地研究一种更简便的系统。结果，他成功开发了 MS-DOS 和WINDOWS，实现了自

己小时候的梦想。

不断的挑战

比尔·盖茨虽然成了世界首富，但是他丝毫没有骄傲，身上穿的仍旧是毛衫和牛仔裤。

他不像其他企业的大老板那样，注重衣着，讲究体面，而是把所有的精力都投入了开发电脑软件上。比尔·盖茨是个非常重视事业的人。

微软公司正如比尔·盖茨本人那样，是一个非常独特的公司。微软公司的工程师们可以不穿正装。他们大部分的人都穿牛仔裤和衬衫。工程师们都有着自己的办公室，办公室的布置都由本人来设计。

这样的环境也是比尔·盖茨想出的主意。他认为自由自在的环境能给人一种灵感，在这种环境下，才能开发出更好的系统。

比尔·盖茨和微软公司的工程师们都喜欢自由自在地思考，

雇佣职员

比尔·盖茨在雇佣职员时，有着自己独特的方法。

他会亲自去某个大学挑选人才。在大学校园里，随便找几个学生，看看他们对电脑软件感不感兴趣。然后再看看他们的水平，觉得可以，就会立即录用。

不喜欢拘泥于某种模式。但是，他们比任何人都热爱自己的事业。

微软公司能成为电脑软件业的巨头，是与比尔·盖茨的发散思维以及创新意识分不开的。

品牌背后的故事

当比尔·盖茨的名声渐渐被人们所知时，《华尔街日报》采访了他。采访当天，比尔·盖茨穿了一件印有微软标志的T恤。这跟其他公司的老总比起来，显得有些平凡。记者虽然对他的衣着感到有些不满，但还是进行了采访。在拍照时，摄影师吓了一跳。因为，比尔·盖茨的T恤上破了一个小洞。于是摄影师想从侧面去拍摄，结果却发现了一个更大的洞。摄影师实在拍不下去了，于是，助理找来了别的T恤。但是，比尔·盖茨实在太忙了，没有时间再继续拍照了。结果，记者只拍到了两张照片。

劳斯莱斯

Hello!

I'm 劳斯莱斯

品牌：劳斯莱斯

（ROLLSROYCE）

国家：英国

创始人：亨利·莱斯

查理·劳斯

主要领域：汽车

名牌的诞生

劳斯莱斯品牌名称来源于亨利·莱斯和查理·劳斯两个创始人的名字。两人的出身、爱好、性格完全不同，但是他们对汽车事业的却有着相同的执着和向往，这点使他们成为一对出色的搭档。

亨利·莱斯出生在英国的一个小山村。小时候家里穷，为了生活，他曾经送过报纸，还在铁路工厂做过实习工。他做过很多工作，从机械类到电子类，无所不含。在工作期间，他自学了很多知识，包括代数、外语以及机械原理。

到了21岁的时候，他和朋友开了电力公司，因为诚实的人品和精湛的技术，他们赚了很多钱。

有了一定的收入之后，他终于可以实现自己制造汽车的梦想了。经过几次失败，莱斯终于在 1904 年造出了自己设计的汽车。

而查理·劳斯则是出身贵族名门、毕业于剑桥大学的高才生。他是一个好奇心强，富有探险精神并擅长运动的人，特别是对于汽车有着特殊的爱好，可以说，欧洲产的车，他基本上都坐过。他还特别热衷于赛车，每次都不会错过。

每次都是从外国进口汽车销售的劳斯，当看到莱斯设计的汽车时，万分惊讶，速度、马力都非常好。劳斯当场就决定与莱斯共办汽车公司。

本着造出世界上最好的车的信念，两个年轻人创立了生产王室专用汽车的品牌——劳斯莱斯。

不断的挑战

从 1904 年第一辆劳斯莱斯汽车诞生开始，其美名传遍世界各地。劳斯莱斯一直为国王和王妃或企业巨头造最好的

车，从不大量生产。劳斯莱斯汽车公司年产量只有1000~2000辆，哪怕1990年劳斯莱斯销售最好的年份创下了历史最高纪录，也不过只有3000多辆。

与其他名车相比，劳斯莱斯最与众不同的地方，就在于它大量使用了手工劳动。只有敏锐的人眼和敏感的手指，才能保证劳斯莱斯使用的是质量最好的兽皮和最精致的层板。每一辆劳斯莱斯都需要精心挑选颜色、质地、层板和设备，可以说，每一辆劳斯莱斯都是一件艺术品。

劳斯莱斯行驶时的噪声很低，如果形容得形象一点的话，当它以125千米的时速奔跑时，其声音也不过是钟表走针时那么大罢了。除此之外，劳斯莱斯汽车行驶时很平稳，

商标的故事

劳斯莱斯汽车的标志图案采用两个“R”重叠在一起，象征着你中有我，我中有你，体现了查理·劳斯和亨利·莱斯这两个品牌创始人融洽及和谐的关系。

有人甚至说在车内可以喝咖啡。

因为它又平稳又优雅，所以有“奔跑的别墅”、“皇帝的车”等美誉。

1907 年，劳斯莱斯第一辆“银鬼”现身，银色的车、镀银的配件和雍容华贵的王者风范使其成为近百年来独一无二的传奇，它今天的价值是 500 万英镑。

1914 年，公司开始发展飞机引擎，至二次大战时，所生产的“隼式”引擎，装配在多架战斗机上，在保家卫国方面立下大功。

品牌背后的故事

劳斯莱斯车头上，伫立着一个带翅膀的欢乐女神，这个银色的女神像中藏着不为人知的秘密。

劳斯是英国有名的汽车收藏家和汽车业的巨头，据说他曾经暗恋过他的女秘书。在第一次世界大战爆发时，他和女秘书在前往印度的路上，不幸被德军的鱼雷击中，女秘书不幸身亡，而他则受到救助。

他无法忘记心爱的人，在痛苦了一段时间后，根据女秘书的模样，设计出劳斯莱斯的吉祥物。此后除换过颜色以外，它百年未变。

路易·威登

名牌的诞生

Hello!
I'm 路易·威登

品牌:路易·威登
(LOUIS VUITTON)
国家:法国
创始人:路易·威登
主要领域:旅行箱包

路易·威登1821年出生,14岁的时候去了巴黎。当时的巴黎是铁路代替马车的欧洲文化的中心。

1854年,路易·威登革命性地设计了第一个路易·威登平顶皮衣箱,并在巴黎开了第一间路易·威登店铺。

当时很多欧洲贵族们,在旅行之前都会订购路易·威登的行李箱。路易·威登就是这样一点一点地提高了知名度。不久之后他发现,行李箱太圆,有不便携带的缺点,于是开始思索如何使包变得更方便。他首先想到在包的外形上进行改进,便马上换掉了外形,并增添了多层和防水设计。

在路易·威登商店销售的都是一些突破传统观念的产品。路易·威登根据贵族们经常利用船和铁路旅游的情况,设计了便携式行李箱，它有可以做衣柜的功能，这使贵族们可以舒适地度过较长时间的假期。

当行李箱空间不够时，贵族们再次找到路易·威登，周而复始，路易·威登的名气越来越大，这就是路易·威登品牌的开始。

不断的挑战

随着社会的发展，人们越来越热衷于旅游，在这样的背景下，路易·威登的包成为最受欢迎的产品。

到了开始使用航空时，路易·威登又推出了既小又轻的功能型旅行包。1875 年，流行西服时，又设计了可以挂西服的样

式。5年后又为每个行李包配了钥匙，以提高旅行的安全性，除此之外还设计了汽车行李箱和钥匙圈。

路易·威登之所以能成为世界著名品牌，除了优秀的技术以外，还因为他们适应时代的需要而生产。

路易·威登还满足了一些特别客户的需求，提高了品牌的美誉度。例如，歌剧演唱家红百合曾经拜托路易·威登设计一款可以放很多鞋的包。接到订单之后，他就设计了一款可以放36双鞋的包。利奥波德的包是适合指挥者的，因为它既能放乐谱，又有桌子的功能。

社会活动

1983年以后，定期会举行路易·威登杯快艇比赛。

1998年，为了纪念法国世界杯，路易·威登生产销售了3000个交织字母纹的足球。他们还把足球与有名人士的合影编成书，得到的收益捐给了联合国儿童基金会。

总而言之，用过路易·威登包的人，包括西班牙国王阿方索八世和一些亿万富翁，都会不由自主地沉浸在它的魅力之中。

探险家查尔斯·林德伯格甚至到了没有路易·威登的包就不去旅行的程度。

150 多年来，路易·威登精致、品质、舒适的“旅行哲学”广受推崇，深得各国名流喜爱。

↑路易·威登的挂肩式皮包

品牌背后的故事

一个世纪以来，印有“LV”这一独特图案的交织字母包，凭着传奇的色彩和典雅的设计成为了时尚之经典。

就在路易·威登逐渐树立了品牌形象的时候，遭到了贪婪的仿制者对其成功的窃取。这时，他需要一个不让别人模仿的独特的标志。

在这个时候出现了路易·威登独特的标志，它由英文大写字母“L”、“V”构成，还附有花与星的图案。从此，大写字母组合“LV”的图案就一直是路易·威登的象征符号，历久不衰。

李 维 斯

名牌的诞生

Hello!

I'm 李维斯

品牌：李维斯
（Levi's）
国家：美国
创始人：李维·斯特劳斯
主要领域：牛仔裤

李维·斯特劳斯是移民到美国的青年。19世纪40年代，在美国西部发现了很多金矿，所以当时有很多人都到那里淘金。但是，随着越来越多的人涌入，住宅短缺成了一个很大的问题，很多人只能搭帐篷住。

斯特劳斯从纽约进了很多帆布（用棉线或是其他线织成的，一般用于露天仓库的遮盖以及野外搭帐篷），作为屋顶和布帐马车的篷，在旧金山销售。

有一天，斯特劳斯在酒吧里看到缝西裤的淘金者。回家后，斯特劳斯以此为灵感把帆布做成裤子，到淘金工地上推销，没想到竟然大受淘金者们的欢迎。因为帆布的裤子比别的裤子结实，使淘金者感到很方便。淘金者们开始争先恐后地买这种裤子。

从此之后,斯特劳斯便开始大规模销售裤子。他把结实耐磨的靛蓝色粗斜纹布制作成工装裤,并用铜钉加固裤袋,这么做是为了让金矿工人可以盛载金块。此后,斯特劳斯用自己的名字“Levi's”作为产品品牌。

不久之后,斯特劳斯在密西西比河西岸建立了服装工厂,其产品受到市场的青睐。

不断的挑战

这是在美国得克萨斯州的某个大厦发生的事情。在52层工作的青年突然被吊在空中,原来他的裤子口袋被挂在起重机上了。

最后，青年成功地被救了下来，而牛仔裤成了这个青年的救命“恩人”。

由于牛仔裤的布料结实，所以青年才能长时间地吊在空中。如果布料不够结实，裤子在救助的人来之前破裂的话，后果不堪设想。青年穿的牛仔裤就是李维斯牛仔裤。这成为一段佳话。还有一名机械师把自己的牛仔裤脱下来，来替换车辆的连接装置。

因为李维斯牛仔裤是救命的裤子，人气如日中天，几乎每个人都穿牛仔裤。斯特劳斯获得了巨大的利益，开始扩大工厂规模。不过，斯特劳斯把这

牛仔裤的布料

做牛仔裤的布料是牛仔。因为斯特劳斯生产的裤子很有人气，导致他把所有的布料都用没了，所以他给兄弟写信，让他再寄一些布料。他的兄弟虽然没能找到斯特劳斯想要的布料，但是给斯特劳斯寄了斜纹哔叽布料。因为这是从法国传过来的布料，所以简称为牛仔。这种布料比以前的布料还要好。

↑李维斯牛仔裤

些钱大部分都用在了旧金山的公益事业上。他不仅在大学设立奖学金基金会帮助年轻人，而且还为铁路建设捐款，帮助那些贫穷的人。

因为斯特劳斯并不是只知道赚钱的企业家，所以人们非常尊敬他，有人还说“可以买一美元的李维斯牛仔裤，但是100万美元都买不来一个斯特劳斯。”

品牌背后的故事

“501”不仅是Levi's牛仔裤中最经典的款式，也是第一条问世的牛仔裤。而数字“501”只是随机选择的。

一年中，光是用于生产“501”的布料就达200万千米，从这里就可以看出李维斯的裤子有多么畅销了。毫不夸张地说，这些布料可以绕地球50圈。

我们把李维斯特有的缝纫技术称为拱形缝纫。裤子后面的拱形袋子，象征着老鹰的翅膀。这个标志不仅是服装标志中使用时间最长的标志，而且在1873年还得到了专利。Levi's曾把一条牛仔裤的两条裤管分别绑在两匹马上，将马朝相反方向赶，以证明这种裤子经得起极强力的撕扯。

立　　顿 Lipton™

Hello!
I'm 立顿

品牌：立顿
（Lipton）
国家：英国
创始人：汤姆斯·立顿
主要领域：袋泡红茶

名牌的诞生

一个非常富有的企业家在美国芝加哥的一个西餐厅点了红茶，服务员对他说："对不起，我们这里没有红茶！"

企业家就想，怎么才能把自己喜欢的红茶推销到美国呢？这个人就是把斯里兰卡农场的茶叶出口到欧洲的汤姆斯·立顿。

在英国出生的立顿，为了赚钱去了美国。在那里他熟悉了流通和广告领域之后，于1869年回到英国，开始从事食品业。凭着诚实的作风和成功的宣传，很快，立顿就成了百万富翁。

英国人把下午两点到五点称为饮茶时间，从此可以看出他们有多喜欢喝茶了，特别是红茶最受欢迎。

因为泡红茶的过程很烦琐，立顿就想有没有更便捷的方法呢？

最后他想到把红茶用纸包起来之后冲泡的方法。

他还想到如果没有中间商，而直接由自己自产自销的话，就会大大降低价格，有利于消费者。在这样的背景下，立顿红茶诞生了。凭着简单的包装和低廉的价格，立顿红茶很快被市场所接受。

立顿去美国开拓市场时，当时的美国人一般都喜欢咖啡，而不是红茶。究其原因有两种：其一卖红茶的商店很少，其二味道也不是很好。就这样，立顿在美国的西餐厅没有喝到红茶。

但没过多久，美国人在尝过立顿红茶的味道之后，就深深地迷上了它。从此，立顿成为畅销于世界的知名品牌。

不断的挑战

立顿在开发袋泡茶以前就能成为百万富翁，要归功于他独特的宣传和销售方式。

立顿为了宣传自己的产品，找到了漫画家为他每周更新一次标语。他认为这样会引来很多观看新标语的人。事如其愿，他做得很成功。

在所有的标语之中，最受关注的是一个青年背着猪的漫画，画中的猪流着泪说："我是孤儿！"因为它的同类都被立顿做成了培根或香肠。

从美国进口奶酪时，他把金币放进奶

不断的宣传

立顿的标志上有一位带着水手帽子的爷爷拿着茶杯的画。

这位爷爷就是立顿，每喝一次立顿的红茶都会看到面带微笑的立顿，这样的宣传他们一直坚持到了今天。

↑立顿的标志

酪之中，然后把奶酪切成小块销售。人们为了得到金币，开始疯狂购买。此时，立顿已经拥有20多家销售点了。

就这样，立顿凭着特有的宣传和销售方式，使美国人养成了喝红茶的习惯。

今天，人们之所以可以喝到包装和制作方法简单的红茶，要归功于立顿。

品牌背后的故事

汤姆斯·立顿出生在英国一个贫穷的家庭，为了生计他15岁就到美国赚钱。当时他在曼哈顿的一个小餐厅当服务生，在那里，立顿学到了怎么做宣传。

之后他回到英国，利用他在美国学到的东西很快就变得富有起来。

成为富翁的立顿，在1890年对红茶产生兴趣。立顿现在已成为面向英国，甚至面向全世界的知名品牌。

芭比娃娃 Barbie

Hello!

I'm 芭比娃娃

品牌：芭比娃娃

（Barbie）

公司名称：美泰玩具公司

国家：美国

创始人：汉德勒夫妇

主要领域：玩具

名牌的诞生

露丝·汉德勒的女儿非常喜欢用纸来折叠娃娃。一天，她看见女儿芭芭拉正在和一个小男孩玩剪纸娃娃，这些剪纸娃娃不是当时常见的那种婴儿宝宝，而是一个个少年，有各自的职业和身份，让女儿非常沉迷。“为什么不做个成熟一些的玩具娃娃呢？”露丝脑中迸发出了灵感。

芭比娃娃→

正好她的丈夫也在一家玩具公司上班，这使露丝·汉德勒的这种想法更加强烈了。

↑芭比娃娃

此后的几天，露丝一直在苦苦思索，一次偶然的机会，露丝来到了德国，在这里，她看到了一个叫“丽莉”的娃娃。丽莉十分漂亮，是照着《西德时报比尔德》中一个著名的卡通形象制作的。在丽莉的启发下，露丝设计出了自己的娃娃，她长长的头发扎成马尾拖至脑后，身穿华丽的衣裙，身材无可挑剔，各种体征应有尽有。

↑舞动的芭比娃娃

1959年，美国纽约举办了玩具博览会。这场博览会恰好是在圣诞节前夕举办的新品发布会，美泰玩具公司也展示了刚刚制作的新品娃娃。

当时，其他公司制作的娃娃都是小巧可爱的小孩子模样，但美泰玩具公司设计的却是以成熟的女性形象为模特的娃娃。娃娃的名字叫做“芭比”，这也是露丝·汉德勒女儿芭芭拉的小名。

←芭比娃娃

现在看起来有些土气的泳装芭比娃娃，在当时却很受小朋友们的欢迎。1959年，首次问世的芭比娃娃，在全球卖出了近10亿个。

芭比娃娃最初仅有金发和黑发两种样式。4年后，美泰玩具公司推出了6种不同样式的芭比娃娃系列产品。此后，继续开发

芭比娃娃

芭比娃娃被评为代表时代的玩偶，《时代》周刊还特别介绍了它。

1967年，美泰玩具公司推出了可以旋转腰部的芭比，1968年推出了会说话的芭比。会说话的芭比背后有一个按钮，只要一按，它就会说，“我要成为时装模特”“今天晚上去约会吧”等6句话。20世纪70年代，出现了芭比的朋友；80年代，还诞生了意大利式芭比。

了不同样式的芭比娃娃。

不断的挑战

新样式的芭比娃娃不断地被推出。1961年，以黑发、金发、红发等三个种类为一个系列的芭比娃娃问世了。芭比娃娃的知名度越来越高，销售量也在一天天增加。很多与芭比类似的玩偶也诞生了。

美泰玩具公司为了保住竞争地位，不断地设计和开发新的产品。就这样，在1963年，又推出

←韩式芭比娃娃

了时尚芭比系列。美泰玩具公司着眼于当时时尚假发的流行趋势，给芭比娃娃也设计了假发。事实证明，美泰玩具公司的战略是成功的。随意地给玩偶换自己喜欢的假发，成为孩子们新的乐趣。

1964年，新推出的芭比小姐系列又引起了一场很大的轰动。芭比小姐系列是可以随意调整手部和脚部的关节的，因此，又一次受到了小朋友们的欢迎。

↑芭比娃娃

品牌背后的故事

美泰玩具公司举办了多次芭比娃娃诞生的纪念仪式。

1984年，在美国纽约举办的芭比诞生25周年纪念仪式，邀请了众多美国明星，还吸引了1200多名芭比的忠实粉丝。

在芭比诞生30周年仪式上，推出了著名设计师帕高和巴伦西亚设计的芭比娃娃。

参加这次仪式的观众都获得了粉色的芭比娃娃。

在世界各地，有很多的芭比爱好者在收集着芭比娃娃。

耐　克

名牌的诞生

Hello!
I'm 耐克

品牌：耐克
（NIKE）
国家：美国
创始人：菲尔·奈特，
比尔·鲍尔曼
主要领域：运动鞋

20世纪60年代后期，美国有两位青年拉着拖车到处去推销运动鞋。

这两个年轻人就是美国中长跑运动员菲尔·奈特和他的教练比尔·鲍尔曼。

他们俩没有固定的店面，只有一间小仓库。他们到处去推销从日本进口的运动鞋。

但是，这样的推销不仅辛苦，成效也差，于是两人决定开设一家店铺。由于是运动员出身，奈特决定开发一种适合田径选手的专用跑鞋。

一天，奈特从煎饼的模具中受到了启发。他将橡胶化合物放入模具，然后加热制作出了一个跟鞋垫差不多的东西，然后，他把那个东西粘在了鞋底下。

就这样，第一双气垫跑鞋诞生了。它深受运动员们的喜爱。气垫跑鞋不仅有助于运动员们的比赛，而且还能起到提高摩擦力和减震的效果，减轻了脚部的疲劳。

后来，他们成立了耐克公司。耐克就是以这样独特的方式，发明了与其他公司不同的跑鞋。随着慢跑越来越流行，耐克公司也逐渐发展壮大起来了。现在已成为全世界最著名的体育用品公司之一了。

耐克公司认为有了体育，才有了耐克今天的辉煌。公司标语“There is no finish line（永没有终点）”的意思就是没有永远的胜者，只有不断地挑战，才能达到新的高峰。另一条标语“Just do it”也充分展现了耐克公司注重体育的精神，同时这也表示出耐克是在体育用品界追求胜利的品牌。

“耐克”这个名字是胜利女神尼姬（Nike）的英语发音。据说，希腊士兵为了传达胜利的消息，一边奔跑一边向这位女神祈祷过。

不断的挑战

逐步发展的耐克到了20世纪80年代,随着慢跑运动的低迷和其他体育用品公司的发展,也进入了低谷。但是,耐克并没有退却,而是专注于开发新产品。

当时,篮球运动在美国非常受大家欢迎,特别是篮球天才迈克尔·乔丹的出现,使人们更加喜欢上了篮球。耐克公司立刻邀请迈克尔·乔丹做他们的形象代言人,还特地以乔丹的名字设计了一款运动鞋。

但是,当时的NBA规定不准穿黑色的运动鞋参加比赛,所以乔丹不能穿以自己的名字命名的红黑相间的运动鞋参加比赛。这对耐克公司来说,无疑是一个非常大的打击。

商标的故事

仅用一种颜色表示的耐克商标,不但简明轻快,还能让人感受到一种动态美,而且一看就让人联想到使用耐克体育用品后所产生的速度和爆发力。耐克商标是象征胜利的"V"字形,它的别称是"swoosh(意为'嗖的一声')"。耐克商标的设计灵感来源于胜利女神尼姬,所以耐克也象征着胜利。

↑耐克运动鞋

这时，创始人奈特作出了一个决定：即使是罚款，也要让乔丹穿着这款新鞋上场打比赛。为此，乔丹每场比赛都要被罚1000 美元。

但是，这款新鞋却成为人们关注的焦点，人们越来越想了解这款新鞋。很多人都希望能得到这款乔丹所穿的运动鞋。其结果，耐克的销量一下子增加了几倍。

正因为有了这样显著的广告效果，耐克公司才得以死而复生，重新走上了发展壮大的道路。

品牌背后的故事

耐克公司一直都邀请那些人气很高的体育明星做他们的代言人。这其中不仅包括篮球明星，还有很多其他项目的体育明星。高尔夫神童老虎伍兹也是耐克的代言人。

1998 年法国世界杯，耐克还赞助了很多足球明星。耐克公司坚信，足球会是人们大力追捧的运动，于是就用大量的资金来支持足球运动。这也起到了非常好的品牌推广作用。

凡士林 Vaseline®

Hello!
I'm 凡士林

品牌：凡士林
（Vaseline）
国家：美国
创始人：罗伯特·切斯堡
主要领域：凡士林（保湿剂）

名牌的诞生

凡士林是一种油脂状的石油产品，有非常好的保湿效果。它是由罗伯特·切斯堡发明的。

1859年，在美国宾夕法尼亚州的某工地上，挖掘机正在工作着。伴随着轰隆隆的机器声，突然从地里冒出了一股黑色的液体。工地上的人们大声地欢呼着，因为他们开采出来的正是石油。

化学家切斯堡也在现场看到了冒出的石油。当所有的人都在为之感到兴奋时，切斯堡却对另外一件事产生了好奇心。工人们正在费力地清理着黏在挖掘机上的石油残油，切斯堡一直盯着他们。

石油的残油在当时被认为是毫无用处的垃圾，所以没有人注意到它。但是，切斯堡却不那么认为，虽然他没有进行具体的研究，但是他觉得利用石油的残油可以制造出某种新的东西。

从那天起，切斯堡开始对此进行专门的研究。不久，他就把石油的残油变成了一种白色果冻状的物体。起初人们都认为那是没用的残酸，后来，人们把它当做润肤霜使用。这种润肤霜对治疗烫伤和外伤也有着一定的疗效。切斯堡将它命名为“凡士林”。

19 世纪，在美国一般都用植物和草药治疗外伤。

但是，要找到合适的草药并不是件容易的事情。因此，人们都希望能有一种既便宜又有疗效的药物。切斯堡发明的凡士林正是符合人们需求的东西，因此，成了几乎家家必备的物品。

不断的挑战

凡士林在刚刚问世时，没有受到多大的关注。大家都认为，凡士林是用石油中的垃圾制成的，所以根本不希望把它涂抹在身上。医生和药剂师也不把凡士林当成药物。

为了让大家了解凡士林的作用，切斯堡亲自在纽约的街道给人们分发凡士林的样品。这种方法很有效。

不仅如此，切斯堡为了展示凡士林的效果，还故意弄伤了自己的皮肤来做验证。

在切斯堡不断地努力下，人们开始越来越信任凡士林了。前来药店购买它的人也开始与日俱增。

1878年，凡士林在巴黎博览会上得到了认可。起初没有把凡士林当成药物的医生们也渐渐改变了他们原来的想法。

医生们开始向轻度烫伤的患者推荐

切斯堡的自信心

罗伯特·切斯堡在50多岁时患了胸膜炎。于是，他在身上涂抹了凡士林。结果，他的胸膜炎被治好了，直到96岁时才离开了人世。

切斯堡认为是凡士林延长了他的寿命。另外，他生前连续几年坚持服用凡士林，这也充分地说明了切斯堡对凡士林的信任。

凡士林了。凡士林除了可以治疗烫伤和外伤以外，还可以对皮肤起到保湿的作用，美国人在日常生活中，逐渐离不开凡士林了。凡士林成了他们的生活必需品。

但是，随着时间的流逝，医生们发现，凡士林对治疗外伤起不到多大的作用，特别是对烫伤没有明显的作用。所以，现在世界各地销售的凡士林大多仅标有保湿剂标签。

品牌背后的故事

在没有发现凡士林对烫伤起不了多大作用之前，许多人都用它来治疗烫伤。

1912 年美国纽约的生命保险公司发生火灾时，受伤的人们也大多使用了凡士林。

此外，在第二次世界大战时，美国政府还特意让罗伯特·切斯堡与一家制药公司合作，开发军需的烫伤药品。在−8℃的情况下，也不会冻冰的凡士林，对北极探险家们来说，的确是一种很好的药品。在热带地区也不会变质的凡士林，还成了治疗昆虫叮咬的药物。

联邦快递 FedEx®

Hello!
I'm 联邦快递

品牌：联邦快递
（FedEx）
公司名称：联邦快递
国家：美国
创始人：弗雷德·史密斯
领域：航空货运、
快递运输

名牌的诞生

弗雷德·史密斯从小就患有颈椎病，所以不能像其他孩子那样快乐地玩耍。由于史密斯的身体非常虚弱，因此进入小学的他，经常被同学们嘲笑。

不过到了10岁的时候，史密斯的颈椎病完全好了。史密斯每天都坚持锻炼，身体越来越健康，他还一度成为美国足球运动员。

史密斯对飞机有着浓厚的兴趣，他甚至获得了可以驾驶飞机的资格证书。上了大学的他更是痴迷于飞机，特别关注航空业。

大学毕业后的他参加了越南战争。战争结束后，在一家境况不是很好的航空公司就职。史密斯非常热爱这份工作，在他的努力下，航空公司的处境逐渐好转了。

1973年,史密斯开始了自己筹划已久的事业。当时的航空公司以运送旅客为主,没有形成一种专门运输货物的货运系统。

史密斯早在大学期间就发表过关于建立航空货运系统的论文。他主张利用夜间飞行时间来运输货物。不过他的主张并没有引起大家的关注，这是因为在当时，这种想法不可能实现。

但史密斯并没有放弃,在他的不断努力下,终于开了一家航空货运公司。最初的货运方法是,先在美国的11个地区设立集货中心，然后把货物集中运到孟菲斯，再从那里运往目的地。就这样,全球最具规模的快递运输公司“联邦快递(Federal Express)”诞生了。

“FedEx”就是“Federal Express”的缩写,“FedEx”也成了联邦快递公司的商标。

不断的挑战

联邦快递并不是一开始就一帆风顺的。刚开始的两年，公司一度亏损，甚至有的投资者让弗雷德·史密斯卖掉公司。

但是，联邦快递与分析家们一同解决问题，坚定信念，经过不断的努力和挑战，公司的状况终于稳定了。

到了20世纪80年代，联邦快递又面临着一场危机。传真机的出现大大地缩短了信件和资料的传递时间。

快递资料占据了联邦快递大部分

的业务，但现在几乎到了崩溃的边缘。再加上美国邮政公司降低了邮费，其他快递公司也开始占据市场。

在这种情况下，史密斯反而扩大了公司的规模。他收购了一家大型航空货运服务公司。从此，不仅提高了快递速度，而且还扩大了快递的范围，公司的利润也增加了不少。

史密斯说，当公司遇到困难时，自

商标的故事

联邦快递是美国联邦储备银行（Federal Reserve Bank）的信誉加上航空运输机快递（Express）的速度的意思。在美国，联邦快递是“隔夜快递”的代名词。

另外，联邦快递还有“夜空中的航空公司”、“猫头鹰战略”等绰号。这是因为，其他公司在结束一天的业务时，联邦快递公司的航空运输机已经开始工作了。

己就会想起小时候的经历和在越南战争中所经受的考验。这些往事会给他带来一种新的勇气和动力,使他不断地想出办法,去应对那些困难。

在史密斯非凡的领导能力,不可多得的胆识、勇气和冒险精神的作用下,联邦快递成为全球最具规模的快递运输公司。

品牌背后的故事

每天晚上7点出发的联邦快递专用运输机,第二天上午10:30就能到达美国境内的任何一个目的地。

假如在美国当地时间10:30之前,没能准时传递货物,联邦快递将返还全额的运输费。但据说还从来没有发生过这种情况。

随着电脑的普及,网上购物越来越流行,联邦快递适应市场的需求,推出了送货上门的服务。为网上购物的人们提供低价、快捷、便利的运送服务,得到了消费者的一致好评。

2000年,联邦快递还用“熊猫一号”专机,将中国的两只大熊猫“添添”和“美香”快递到了华盛顿。

索　　尼 SONY®

Hello!

I'm 索尼

品牌：索尼
（SONY）
公司名称：SONY股份有限公司
国家：日本
创始人：盛田昭夫，井深大
主要领域：电子产品

名牌的诞生

盛田昭夫在第二次世界大战之后，与井深大成立了东京通信工业株式会社。

不过，不久他就把公司名称正式改成了现在的"索尼(SONY)"。

起初，索尼公司只生产一些收音机零件和电饭锅等产品，并没有受到太大的关注。后来，索尼公司努力开发具有立体声功能的录音机，但是在录音方面却出现了问题。

在当时，录音机没有录音功能是不可想象的事情。虽然立体声的音质效果非常好，但是无法实现录音机的录音功能，因此索尼公司只好放弃了这项研究计划。

有一天，井深大在研究室偶然发现了被遗弃在角落里的录

音机。

井深大听了那个录音机的音效后，感到非常吃惊。于是,他想起了正在开发中的耳机。他发现耳机的音效比喇叭的音效好得多。所以,井深大决定开发立体声耳机。

↑索尼公司生产的随身听

就算是没有录音功能，但只要音效好，肯定也会有很多人来购买。最终井深大开发了这种录音机。这种录音机被叫做“随身听(Walkman)”。它刚一问世,就成了消费者热捧的商品。

不断的挑战

在日本最先开发出录音机的索尼公司,于20世纪60年代制作出了世界上首台晶体管电视机。专门制作电子产品的索尼公司,20世纪80年代收购了美国的哥伦比亚电影公司,在影视事业上也取得了一定的成绩。

首次出口美国和欧洲时,西方人认为日本的电子产品非常便宜,质量得不到保证,而且大部分都是仿造品。因此,索尼公司在进军美国和欧洲市场时,经受了很多困难。

为了改变外国消费者的这种观念,索尼公司努力提高产品质量,在产品外观设计上也特别注重简便和华丽。结果,索尼公司的电子产品在世界各国都得到了认可。

"SONY"的诞生

SONY是由英文字母组成的,用任何一个国家的语言都读作"索尼"。这仿佛预示着索尼公司终将会成为世界名牌企业。

"SONY"是"SOUND"和"SONIC"的词源拉丁语"SONUS"的合成词,意思就是"SONNY"(小孩子)。

索尼公司的含义是"公司虽然小,但终将成为年轻人的共同体。"

勇于创新的索尼公司,还制造出了世界第一台便携式录像机和家庭用录像机。

索尼公司不断地研究和开发新的电子产品,追求产品的质量、大小以及轻便程度,这样的努力直到现在还在继续着。

↑索尼公司生产的随身听

品牌背后的故事

索尼这个名称既简单又容易发音,所以在全球化时代的今天,很容易引人注目。

索尼公司之所以用简单的字母,而没有用图案做商标,是因为早就预示到了随着社会的发展,文盲会逐渐减少的结果。从前,很多人都不认字,所以大家都努力地用图案宣传商品。但如今,简单的字母反而会留给人们更加深刻的印象。

巴　　利 BALLY

Hello!

I'm 巴利

品牌：巴利

（BALLY）

公司名称：巴利公司

国家：瑞士

创始人：卡尔·兰斯·巴利

主要领域：皮鞋

名牌的诞生

1851年，有一个叫做卡尔·兰斯·巴利的人生活在瑞士南部。他在父亲经营的橡胶工厂里工作。

有一天，去法国巴黎出差的巴利，为了给妻子买双高跟鞋，走进了巴黎街头的一家商店。不过他不知道妻子穿多大尺码的鞋子。于是，他就买下了12双鞋子。

回到家乡后，他开始按照妻子的尺码修理不合适的鞋子。他还到橡胶工厂拿来了橡胶带，把橡胶带贴在鞋子的下方。

妻子觉得巴利修改的鞋子很好穿，这激起了巴利对鞋的浓厚兴趣。从此，他找来当地的小鞋匠，开始了用当时最先进的技术制鞋的事业。

巴利用自己的名字做了皮鞋的商标，并始终以“产品的质量才是拥有顾客的法宝”为宗旨制造皮鞋。

巴利制鞋的特点是轻便、平稳和结实。

一般的巴利皮鞋要经过120多个工序才能完成，而比较高档的巴利皮鞋则要经过220多个工序。

因此，虽然巴利皮鞋的价格有点贵，但就像巴利所说的那样，穿过的顾客肯定还会再次选择巴利皮鞋。

最终，巴利皮鞋从村落的小鞋铺，发展成了世界性的大集团。

不断的挑战

巴利公司为了使产品能销售到世界各地，十分重视消费者的意见。

巴利公司为了了解顾客们的意见，每年都会从世界各地邀请销售巴利皮鞋的销售者。

巴利公司为了生产出优质的皮鞋，还制定了一个战略。

穿他们公司皮鞋的人分布在世界各地，所以必须要知道世界各国人的脚型特征。巴利公司根据人种和地区的不同设计了不同类型的皮鞋。根据调查，他们了解到亚洲人的脚比较宽，而西方人的脚有细长的特点。由此他们设计出

巴利博物馆

看看世界最大的鞋博物馆“巴利博物馆”，就可以知道巴利公司在制作皮鞋方面是多么的有自信。

在这个博物馆里，可以看到巴利公司从1851年开始到现在生产的皮鞋，还可以看到其他种类的鞋。

了 35 万种不同的皮鞋样式。

巴利公司根据欧洲、美国以及亚洲人的脚型特点，直接在当地生产适合当地人穿的皮鞋。

因此，每个国家的巴利皮鞋都有着各自的特点。

品牌背后的故事

每天只生产 1600 双皮鞋，这是巴利公司追求产品质量的一个原则。要经过 120 多个工序才能完成的巴利皮鞋，它的生产部门分得非常细致。工厂里有最好的技术师在工作，还有最尖端的机器在运转着。

另外，巴利公司非常关心在工厂里干活的职工们。工厂里所使用的胶粘剂对职工们的身体健康有害，于是巴利公司不惜代价，开发了对人和环境都没有害处的胶粘剂。在这样的关怀下，职工对公司也产生了浓厚的信任感，职工的自豪感也大大地得到了提升。

奔　　驰

Hello!
I'm 奔驰

品牌：奔驰
（Benz）
国家：德国
公司名称：戴姆勒·奔驰公司
创始人：卡尔·本茨
主要领域：汽车

名牌的诞生

出生在德国卡尔斯鲁厄的卡尔·本茨曾在工业学校学习机械工学专业。他在工厂积累了经验以后，在 1871 年建立了机械工厂，1883 年创立了奔驰公司。在 1886 年，生产出了第一台汽车。

提起奔驰大家可能首先会想到大型汽车，但在初期，奔驰公司只生产小型汽车。

喜欢研究汽车的本茨对发动机特别感兴趣。发动机可以说是汽车的生命。在奔驰公司开发出发动机之前，已经有两家公司获得了开发发动机的专利。奔驰公司想要生产汽车，必须要开发出与那两家公司不同的奔驰独有的发动机。

本茨独自在研究室里，废寝忘食地进行研究，终于研究出了构造和性能都非常好的发动机。

本茨发明的发动机也获得了专利。不过当他把发动机安装到汽车上以后，才发现发动机的动力性能不是很好。所以，这样的发动机不可能进行大批量的生产。

本茨不想放弃自己辛苦开发的发动机，于是拿各种类型的汽车做实验。结果，他发明了与自己的发动机相匹配的三轮汽车。

差点就被废弃的发动机，在本茨的坚持下，成了新的亮点。不随意放弃的本茨，真不愧是汽车之父。

1885 年，前面有一个轮子，后面有两个轮子的三轮车开始在道路上行驶了。1888 年，奔驰首先在法国设立了工厂，从此开始在世界各地设立工厂。奔驰汽车在中国也很受欢迎。

不断的挑战

20 世纪初，生产出的汽车，发动机都被安装在汽车尾部或者驾驶座的底部。但是，奔驰公司的竞争对手戴姆勒公司

↑奔驰轿车

戴姆勒·奔驰

戴姆勒公司和奔驰公司合并后成立的公司，成为20世纪30年代世界汽车行业最高性能、品质以及权威的象征。

贴有戴姆勒·奔驰公司标志的汽车，象征着速度、安全和信赖。因此，现在依然是高级轿车的代名词。

生产的“梅赛德斯”系列汽车的发动机却在汽车的前面。梅赛德斯这个名字来源于一个澳大利亚汽车商人女儿的名字。

第一次世界大战结束以后，德国经济进入了萧条时期。奔驰公司和戴姆勒公司都受到了很大的打击。1926年，两家公司重组成为“戴姆勒·奔驰公司”。“要做就做最好”的戴姆勒创业精神和“安全的代名词”奔驰公司，走到了一起。从那时起，戴姆勒·奔驰公司就开始生产高级轿车“梅赛德斯·奔驰”了。商标定为从1916年就开始使用的戴姆勒公司的“三叉星”标志。

戴姆勒·奔驰公司创造了许多新纪录。戴姆勒·奔驰公司最初生产的汽油汽车、拖拉机、出租车、柴油车等，都处于世界领先水平。

另外，戴姆勒·奔驰公司还专门设立了研究驾乘安全的部门，开发出了很多安全系统。20世纪30年代开发出的安全门锁装置，1951年开发出的保护乘客安全的自动控制引擎系统，都获得了专利。

安全带在1959年被首次使用，世界上最初的碰撞试验也是戴姆勒·奔驰公司做的。另外,安全气囊也是戴姆勒·奔驰公司发明的。

完备的实力加上成功的重组，以及对安全的不断研究，是奔驰公司成为世界名牌的依据,也是奔驰轿车始终引领大批追慕者的原因。

品牌背后的故事

寒光闪耀的三叉星近100年来始终是奔驰最醒目的标志,它的三尖代表着海、陆、空三位一体的现代化。

三叉星的制造有专门的工厂，它位于德国莱茵兰州的威尔伯特。经过极为严格的制作过程之后,最后一道工序是妇女们带上细腻柔软的手套,仔细检查三叉星上是否有细微划痕,不合格的三叉星都会被“请出”。

三叉星代表了奔驰的皇冠及皇冠上那颗无价的宝石,在这颗吉祥之星的照耀下,奔驰将永远走在时代的前沿。

华　　为

HUAWEI

Hello!
I'm 华为

品牌：华为
（HUAWEI）
国家：中国
创始人：任正非
主要领域：信息与通信基础设施和智能终端提供商

名牌的诞生

1987 年，因为工作不顺利，任正非与几位合伙人集资 2 万 1 千元，创立了华为公司。

刚刚成立的华为，缺少核心技术，受困于当时的国际巨头诺基亚、松下等企业的竞争压力。不能以创新取胜，华为另辟蹊径，采取“跟随策略”，从代理其他品牌开始，运用从农村包围城市的销售方式，通过低成本迅速扩大了市场占有率，也扩大了华为在使用者心中的影响力。

1992 年，任正非第一次走出国门，从纽约、硅谷、波士顿到达拉斯，忙碌的行程丰富了他的思想，也奠定了华为的发展方向——自主研发、坚持创新、合作共赢。

1996 年，华为进军俄罗斯，开始了真正的国际化之路；2005 年，华为的海外销售额超过国内；2010 年，华为超越电信巨头西门子，成为全球第二大通信设备供应商；2019 年，华为 5G 手机市场份额全球第一。

↑华为创始人

如今，华为已经成为全球领先的 ICT（信息与通信）基础设施和智能终端提供商，它正在把数字世界带入每个人、每个家庭、每个组织。华为，努力构建万物互联的智能世界！

不断的挑战

1994 年，华为提出公司发展目标：“十年后，通信市场三分天下，华为必有其一！”

当时被认为是痴人说梦的一句话，2004 年被华为人实现了。2017 年，华为又超越爱立信，成为全球最大的通信设备提供商。

↑华为手机

不断壮大的华为也一直在承受着来自外国的打压。2019 年 5 月，时任美国总统特朗普签署文件将华为列入“出口管制实体清单”，禁止华为从美国公司购买技术和零部件。一年后，美国又使出终极“撒手锏”，切断华为全球所有芯片来源。

至暗时刻，华为人将自己比作一架战机，“被打得满目疮痍……仍在坚持飞行，并安全返航”。

华为名字的由来

公司刚刚成立的时候，任正非想不出公司名字，正好抬头看见了墙上的“中华有为”标语，于是，就此将公司命名为华为。任正非曾经对华为这个名字并不满意，还专门开过改名会议，但最终这个深入人心的名字——华为，被使用至今。

华为人多次公开表示,“怨恨不解决问题,我们愿意虚心学习,愿意采购美国芯片”。彰显了当代中国企业的胸怀与格局,增强了世界对华为、对中国企业的信心,赢得了世界大多数合作伙伴的信任和支持,华为品牌也更加受到消费者喜爱。

品牌背后的故事

从在市场站稳脚跟的那一刻起,华为就开始自主研发产品。到2018年,华为已经在欧盟工业研发投资排行榜上位列第五,研发投入的资金高达113亿欧元,占年销售收入的14.7%。

2012年起,华为陆续在全球各地建立了14个研究院、所、室,36个联合创新中心。以此保证了企业的核心竞争力!而华为超过1.5万的科研人员,也强有力地保证了华为世界通信行业绝对领先的地位。

华为不仅做到了技术自主研发创新,还做到了西方国家逆向输出产品的良好典范。世界上越来越多的国家和地区选择了使用华为的技术、产品和服务。

丰　田

Hello!
I'm 丰田

品牌：丰田
（TOYOTA）
公司名称：丰田
国家：日本
创始人：丰田喜一郎
主要领域：汽车

名牌的诞生

丰田喜一郎从小就有制造汽车的梦想，他一边在父亲的纺织工厂工作，一边研究汽车。

丰田喜一郎刚开始时想模仿外国车型，但是从美国进口汽车零件也不是一件容易的事情。所以他决定直接生产汽车零件，并从美国引进设备。由于其他企业也进入了汽车领域，使得当时的竞争更加激烈。

1935 年，丰田喜一郎的第一个产品问世。虽然比预期晚了点，但是能够开发出日本独有的发动机是难能可贵的。就这样，丰田汽车诞生了。

丰田喜一郎最初是想招募人才造日本的车，但是随着第一个梦想的实现，他越来越想造出更好的车。

不断的挑战

二战后，由于受到经济危机和产品缺陷的影响，丰田公司一度陷入困境。这时，丰田喜一郎做出了重要的决定——生

产避免与美国大型汽车品牌竞争的轿车。这个正确的决定使丰田汽车畅销于日本国内。

风靡日本的丰田汽车准备在1956年进军美国市场。虽然出口了丰田皇冠系列，但结果并不理想。丰田公司重整旗鼓，在1965年出口丰田科罗娜，获得了成功。直到现在，丰田汽车在美国市场仍然占据着重要的地位。

↑丰田汽车

3M

名牌的诞生

Hello!

I'm 3M

品牌:3M

公司名称:3M 公司

国家:美国

创始人:斯宾塞,佛莱

主要领域:办公用品

20 世纪 60 年代后期,3M 公司正在做关于强力胶的研究。斯宾塞博士发明了一种强力胶,但是它有易贴易掉的缺点。斯宾塞博士对于一贴就掉的胶,该如何使用而感到困惑。

这个困惑一直持续了 5 年,虽然发明了新的物质,但是不知道它该用在何处。所以 3M 公司只能放弃了这个研究。

有一天,3M 公司的另一个研究员佛莱在教会唱赞颂歌。因为合唱团不仅要唱很多种赞颂歌,而且两个歌之间停顿的时间较少,为了好找,佛莱在乐谱上用纸片做了标志。

虽然做了标记,但是纸片总是会丢失,因此带来了很多不便。所以佛莱想制作一种既不会随意掉下来,又可以随意取下的书签。

就在这时，佛莱博士想到了斯宾塞博士发明的胶，便试着把胶涂在了纸上。结果，易贴易掉的那个东西就成了现在的便利贴。便利贴原来的名字是“press and peel”(意思是“贴了之后拿掉”)。

便利贴最初并没有受到市场的欢迎，因为用于记事的纸张很多，不需特意使用沾有胶的便利贴。但是后来，便利贴却成为办公室里不可缺少的办公用品。

不断的挑战

虽然经受了很多次失败的痛苦，但3M公司始终坚持努力地开发新产品。不管是什么样的点子，3M公司都虚心地去学习，并且做了很多次实验。不管产品能不能受到消费者的欢迎，3M都一直在努力地进行研究和开发。

3M公司在研发出便利贴之后，在4个城市进行了实验性的销售。不过，销售额并没有预期的那么好。经过调

查才发现，售货员们竟把便利贴当成赠品送给了消费者。

3M公司这才拍案叫绝。于是他们生产了大量用于赠送的便利贴样品。假如使用过便利贴的人，半数以上的能再次购买便利贴，3M公司就能获得利润。然而，结果非常让人出乎意料，竟然有90%以上使用过便利贴的人再次购买了它。1980年，便利贴不仅热销于整个美国，而且还销往世界各地。

3M公司非常重视对个人点子的利用。3M公司的职员们上班时间的一部分是用来开发个人项目的时间。就算被

3M的由来

3M公司是由美国明尼苏达州的5个小伙子建立的。公司全称是明尼苏达矿务及制造业公司（Minnesota Mining and Manufacturing company）。但是，这个名字有些太长了，于是就由三个M字母，组成了3M。

开发的产品，没有立即得到消费者的认可，一时还没有多大的用处，3M 公司也绝不会随意地放弃任何一个新产品。便利贴就是这样被开发出来的。

还有一次，他们开发了识别微生物的方法，也没有立即得到认可。不过 7 年之后，一家餐厅发生了食物中毒，利用了这个方法。从此，识别微生物的方法也开始实行了。

品牌背后的故事

3M 公司的产品多达 6 万多种。便利贴自不必说，通常被叫做“苏格兰胶带”的透明胶带也是 3M 公司开发的产品。1925 年，研究员理查德经过几年的努力，终于开发出了包装箱子时用的透明胶带。不过，当时美国正处于经济恐慌时期，根本没有人去关注 3M 公司的新产品。到了1930 年，这个不起眼的新产品，终于得到了人们的接纳。当时，人们正开展废品再利用的活动，苏格兰胶带帮了人们的大忙。撕掉的书、破碎的玻璃、玩具甚至被撕开的衣服都能用苏格兰胶带粘好。

苏格兰胶带成功之后，3M 公司也渐渐进入了世界知名企业的行列。

多米诺比萨

Hello!
I'm 多米诺比萨

品牌：多米诺比萨
（Domino's Pizza）
国家：美国
创始人：汤姆·莫纳汉
主要领域：比萨

名牌的诞生

多米诺比萨的创始人汤姆·莫纳汉4岁时失去了父亲。母亲独自一人没有能力抚养莫纳汉和他的弟弟，只好把莫纳汉送给别人家领养。

领养莫纳汉的人家对他并不好，所以他重新回到了孤儿院。母亲想在经济情况好转时，接回莫纳汉。过了很长一段时间后，莫纳汉终于回到了母亲的身边。但是，母子之间已经没有什么感情了。

23岁的莫纳汉想做出一番自己的事业。于是，他从银行贷款，和弟弟一起用900美元买下了美国密歇根州的“多米尼克比萨”。

莫纳汉每天都工作大约15个小时。不久，他就在密歇根州的大学周围开了3家比萨连锁店，还在员工的建议下，把比萨店的名字改成了“多米诺比萨。”

莫纳汉以独特的多米诺味道占据了市场。独特的面粉和调味汁，再加上没有添加一滴油，并用烤箱直接烤熟的多米诺比萨，受到了人们广泛的欢迎。

莫纳汉还采用了特许经营的连锁经营模式。不过，刚刚开业的第一家连锁店就着了大火，店铺被烧得一干二净。莫纳汉并没有因此沮丧，反而比以前更加努力了。不久，莫纳汉的努力就得到了回报。

↑多米诺比萨商标

多米诺比萨迅速发展壮大，并陆续开了多家特许经营连锁店。如今，多米诺比萨已经成了世界性的品牌。

不断的挑战

18岁的汤姆·莫纳汉志愿成为一名海兵队员。海兵的生活，使他有了回顾自己人生的机会。就像在战场上打败敌人才能生存下来一样，人生也要战胜困难才能获得胜利，莫纳汉从那时起就下定决心要战胜自己。

退役后，他的事业虽然有些起色，但是随着规模的不断扩大，资金成了他最大的障碍。

资金短缺的莫纳汉只好把多米诺比萨的经营权抵押给了银行。不过，因为生意不好，银行还是让莫纳汉进行了代理经营。

可是随着时间的流逝，多米诺比萨的经营越来越陷入了困境。银行甚至决定解散多米诺比萨。莫纳汉不愿眼睁睁地看着自己的事业就这样被毁掉，于是他来到了银行。

银行以最低价把多米诺比萨

送餐员

穿着五颜六色的衣服，骑着滑板车的送餐员，不用特意去做广告，也能很好地宣传比萨。送餐业务实施不久，就增加了很多新的订单。

转让给了莫纳汉。重新得到公司的莫纳汉通过不懈的奋斗，不到10年就还清了银行贷款，并使多米诺比萨逐渐成长起来。

1960年开设第一家店面的多米诺比萨到现在，已经在世界各地开了无数家分店。世界上规模最大的比萨连锁经营店多米诺比萨的店铺至今还在扩张着。

品牌背后的故事

多米诺比萨是比萨领域最先开始实施送餐业务的。为了及时将热乎乎的比萨送到顾客的手里，莫纳汉做了很多准备工作。

首先，为了保温使用了保温箱，为了避免再去取回餐盘的麻烦，使用了纸盒。另外，准备了一次能烤很多量的烤箱，为了节省送餐时间利用了滑板车，还为送餐员特别定制了制服。

莫纳汉制定了顾客要是对比萨的味道感到不满意就立即退钱的品质保证制度，以此彰显了多米诺比萨的自信心。结果，多米诺比萨在2000年度成为全球销售额达35亿美元的大型企业。

贝　纳　通

UNITED COLORS OF BENETTON.

Hello!
I′m 贝纳通

品牌：贝纳通（BENETTON）

国家：意大利

创始人：卢西亚诺·贝纳通，朱丽安娜·贝纳通

主要领域：以服装为主的时尚领域

名牌的诞生

卢西亚诺·贝纳通1936年出生于意大利的北部。自幼失去父亲的贝纳通在10岁时就要照顾三个弟弟妹妹。那时，他一边上学一边干起了送报的工作。贝纳通小学毕业后，成了一家服装店的营业员。

成为营业员的贝纳通渐渐开始对人们的衣着产生了兴趣。人们当时穿的衣服款式传统保守、设计单调。贝纳通决定制作一种品质优良价格便宜，并能使人感到耳目一新的毛衣。

贝纳通品牌的历史是从1955年贝纳通与在针织工厂上班的妹妹朱丽安娜一起制作销售毛衣开始的。当时他们所拥有的只有妹妹熟练的针织技能和敢于销售的勇气。为了筹集资金，贝纳通卖

掉了自己喜爱的乐器，弟弟卖掉了自行车。不仅如此，全家人都动员起来，把所有值钱的东西都给卖掉了，然后用筹集到的钱买了一台针织机器。

贝纳通认为服装应该讲究华丽。不过毛衣是用线编织成的，所以看起来并不华丽。于是，贝纳通试着用未染色的线编织毛衣，然后把自己喜欢的色彩和条纹涂染在毛衣上。结果，这样制作的毛衣，不但色彩华丽，而且样式也变得多种多样了。

这种毛衣被卖得如火如荼。那是因为，每个人都可以找到自己喜爱的颜色和款式。

贝纳通服装不仅在意大利有名，而且还畅销于法国等欧洲市场，成为世界性的品牌。

贝纳通从小就是一个喜欢动脑的天才。他的想法常与别人不同，他不喜欢受到拘束，常常能做出某种奇思妙想。在建设工厂时，他设计了一个像宇宙飞船一样的工厂。飞船的机翼上有办公室和工作室，还有花坛。

通过广告可以了解到贝纳通的个性。如果消费者不了解，制作出质量再好款式再新的服装也没有用。贝纳通的广告宣传也蕴含着他自己独到的哲学。他主张不论国籍、人种和宗教，世界上所有的人都是平等的。他反对反人类反自然的活动，提倡保护儿童、保护自然、防止公害、反对战争等。贝纳通的广告照片大多数都是以这些为主题的，使人们看过就不会忘记。

贝纳通还亲自参加了广告的拍摄。另外，他还从世界各地挑选出了不同人种不同国籍的40名儿童模特，让他们穿着贝纳通的衣服拍摄了以提倡种族平

有个性的贝纳通

有一天，在服装店工作的贝纳通戴着自己亲手缝制的领结上了班。这个领结是黄色和绿色条纹相互交替组成的。服装店的主人说他非常幼稚，让他立即摘掉那个领结，否则就会辞退他。虽然贝纳通得到了严厉的批评，但却一点都不沮丧。他觉得自己缝制的那个领结非常漂亮，反而觉得不用这种领结的想法才是奇怪的。

等为主题的广告照片。

另外，贝纳通利用空运可以在20天内把货物运往世界各个卖场。遇到紧急订单时，可以在8天之内送达货物。贝纳通认为航空运输的费用虽然昂贵，但是满足顾客的要求，缩减库存就能获得更多的利润。

品牌背后的故事

这是贝纳通开服装店以后的事情。贝纳通在摆设服装方面也与别人不同。当时的服装店只摆设几件衣服，剩下的衣服都放在箱子里。顾客要是有需要的衣服，店员就会从箱子里一件一件地找出来，而并不是像现在的服装店那样可以随意地挑选。

在服装店工作时，贝纳通对这一点感到非常不满意。所以在他开服装店以后，把所有的衣服都陈列到了柜台上。顾客们可以随意地挑选和试穿衣服以后，更加愿意到贝纳通的服装店购买衣服了。

像这样，贝纳通的奇思妙想总能给人们带来惊喜。多亏有了贝纳通的这些好点子，人们才得以选择这些色彩和款式多种多样的衣服。

赛 百 味 SUBWAY

Hello!
I'm 赛百味

品牌：赛百味（SUBWAY）
国家：美国
创始人：德卢卡，彼得·巴克
主要领域：三明治

名牌的诞生

1947年10月，德卢卡出生于纽约，他的父亲是一家工厂的工人，母亲是便利店的售货员。高中毕业的德卢卡考上了大学，不过因为没有足够的钱念大学，他只好去打工挣学费。德卢卡利用假期时间在工厂打工，挣了点钱。

德卢卡的梦想是成为医生。但是，医科大学昂贵的学费成了他一个沉重的负担。

有一天，德卢卡找到了彼得·巴克博士。他希望彼得博士能够贷给他这笔学费。

但是，彼得博士却出乎意料地告诉他："你应该开一家潜艇三明治快餐店。”

潜艇三明治是长长的面包里夹着火腿和多种蔬菜制作成的。彼得博士为他提供了资金。德卢卡按照彼得博士的建议开了一家“潜艇三明治快餐店”。当时,德卢卡还只是个年仅 17 岁的高中毕业生。

开业初期生意还不错,但是不久客人就越来越少了。有时候,一天只能卖 6 个三明治。

他们虽然想立即关掉快餐店, 但是这样就赚不到学费了。德卢卡和彼得博士经过一番考虑,决定再开一家店面,以此来提高广告效应。快餐店的名字叫“赛百味”。

正如彼得·巴克博士所预期的那样，效果非常好。人们看到德卢卡开了新店，就以为赛百味的生意很好，所以有很多顾客都纷纷前来。

面包里夹着火腿和蔬菜的赛百味三明治就是这样诞生的。

不断的挑战

德卢卡和彼得博士继续扩大规模开了很多家分店。不过他们的资金不足，银行的贷款也已经很多了。所以，经再三考虑之后，他们决定以连锁店的方式继续扩大事业。

这时恰好德卢卡有一位朋友因公司倒闭而失去了工作。德卢卡说服了朋友，让他开了赛百味第一家连锁经营店。

德卢卡的朋友刚开始经营时虽然有些不安，但是后来看到三明治的制作方法简单，经营便利，客人很多等优势之后，越来越放心了。随着赛百味规模的扩大，有更多的人想加盟连锁店，店面的数量与日俱增。

德卢卡的店里还有了很多的回头客，其中有做设计工作的两位专家。他们向德卢卡提议，把赛百味的店内布置装饰成像纽约地铁一样的风格。德卢卡

对职员的优待

德卢卡非常优待自己的职员。比如说，每当开设第100个店面时，他都会与职员们开香槟庆祝。在开第5000家店面时，他还给所有的职员送了羊毛套衫。德卢卡把职员们当成了自己的家人，在公司每个职员都可以直接叫他的名字。

听取了他们的建议，把大部分的店面布置成了与纽约地铁相似的风格。

然后，还把从面包厂拿来用于制作三明治的面包，直接换成了自制的烤面包。

德卢卡的目标是在1995年之前开设5000家连锁店。当时很多人都认为这是不可能完成的事情。但事实上，德卢卡提前5年就完成了开设5000家连锁店的目标。

品牌背后的故事

德卢卡和彼得博士在一次偶然的机会中，了解到了如何能更加有效地经营赛百味的方法。

有一天，两人坐上了一辆出租车。这时出租车恰好经过赛百味的店面，司机对他们说了这样的话：“这家店非常好。三明治的味道自不用说，还可以尽情地享用饮料。另外，在店员们背对着客人制作三明治的时候，还可以多拿走几瓶放在出口的苏打水。”

德卢卡听了这些话以后，改变了所有店面的结构。从此，赛百味的店员们必须面对客人制作三明治，放在出口的苏打水也不见了。

任 天 堂 Nintendo

Hello!
I'm 任天堂

品牌：任天堂
（Nintendo）
公司名称：任天堂株式会社
国家：日本
主要领域：游戏机，
游戏软件
代表游戏：大金刚，超级玛丽，口袋妖怪

名牌的诞生

著名玩具制造公司任天堂曾经是一家专门制造一种名为花札的日本手制纸牌的公司。

任天堂公司是在日本最先制作塑胶纸牌的公司。1982年开发的一种叫做“大金刚”的游戏获得了巨大的成功。这款游戏讲的是一个猩猩去救一位美丽动人的公主的故事。

那时的人们还只会玩简单的小游戏，因此在当时，“大金刚”无疑是一款让人耳目一新的新概念游戏。不过这款游戏没过多久就失去了人气，被淘汰掉了。

任天堂公司开发了新的游戏软件。1985年向美国出口了FC游戏机(欧美地区称NES)，这是首次尝试于卡带式的电视游戏平台。接着推出了“超级玛丽”这款FC游戏。这款游戏在美国一经推出就占据了美国80%的游戏市场。

1990年推出超级任天堂(Super Famicom,简称SFC),又一次获得了巨大的成功。

任天堂公司不断地开发和推出新游戏，以此来打败竞争对手。游戏"口袋妖怪"里出现的黄色的"皮卡丘"几乎轰动了整个世界。"口袋妖怪"这款游戏不仅在日本受到欢迎，在整个世界也都受到了广泛的欢迎。

不断的挑战

在欧美的一些地区，人们把玩电子游戏说成"玩任天堂",这充分地显示了任天堂公司游戏的魅力。英国的新闻

口袋妖怪

最初的口袋妖怪是一款收集151个妖怪就能完成任务的游戏。玩家们可以把收集到的妖怪送到妖怪养育中心，提高它们的等级。还可以与其他玩家互相交换妖怪。

时报还以“日本是如何占领美国的？”为标题介绍了成功进军美国市场的任天堂公司。

在进军美国市场时，任天堂公司制定了一系列的战略。因为日本游戏名称美国人不好发音，所以任天堂把游戏名称都改成了英文。另外还减少了暴力内容，受到了广泛欢迎。

任天堂在游戏的宣传方面也下了不少功夫。在日本以举行大型的宣传活动为主要的宣传方式，而在美国则主要利用了媒体广告。游戏、纸牌、玩具、漫画、电影、网络等领域都得到了很好的宣传。

任天堂公司的正确策略使美国也陷入了“口袋妖怪”的世界。拥有漫画电影“口袋妖怪”上映权的美国华纳兄弟公司获得了巨大的收益，玩具制造商们也收到了大量的订单。

口袋妖怪很快就成为人们喜爱的游戏，涌起了一股口袋妖怪游戏的热浪。口袋妖怪游戏中最受人们欢迎的形象就是“皮卡丘”。

任天堂公司还利用“皮卡丘”这个形象，推出了卡通连续剧和卡通电影。

“口袋妖怪”在韩国也有着很高的人气，有些商店还专门制作了“口袋妖怪”面包。

品牌背后的故事

口袋妖怪游戏的开发经历了很长时间。游戏里的人物形象是历经 6 年才完成的，都非常可爱。另外，为了防止出现盗版，任天堂公司在 151 个形象完成之后，举行了发布会。

每当到了小朋友们的节日，任天堂公司就会举行各种各样的活动，以此来进行宣传。

此外，任天堂还升级了口袋妖怪游戏中的形象，使得那些收集者们不断地产生收集的欲望。这也是任天堂公司的一个策略。

雀　　巢

Nestlé

Hello!
I'm 雀巢

品牌：雀巢
（Nestle）
公司名称：雀巢公司
国家：瑞士
创始人：亨利·内斯特
主要领域：食品

名牌的诞生

19 世纪中期，欧洲每年都会有很多婴儿因营养不良而失去生命。由于产妇缺乏营养，产不出母乳或者母乳质量不好等原因，饿死的婴儿非常多。

1843 年，从德国来到瑞士的化学家亨利·内斯特对此感到非常的痛心，决定发明一种可以代替母乳的食品。

1867 年，他研制出了一种将牛奶与麦粉科学地混制而成的婴儿奶麦粉。他把食品公司设在了日内瓦，这就是今天著名的雀巢公司。

雀巢公司经过多次合并与收购，发展成为当今著名的品牌。1875 年，一个叫做丹尼尔·皮特的人科学混合牛奶和可可豆研发出了巧克力牛奶。皮特建立的公司成为世界性的巧克力公司，并且最终与雀巢公司合并成为一家公司。此外，1882 年，朱丽斯利用豌豆研制出了有助于消化的食品。她的公司最终也与雀巢公司合并了。

Nestlé
INFANT NUTRITION
世界育婴营养专家由雀巢来打造。

↑雀巢商标

在亨利·内斯特隐退之后，雀巢公司仍然不断地进行合并与收购其他公司的业务。

1905 年，雀巢公司与美国人办的另一家食品公司合并，取名雀巢英瑞炼乳公司。后来，他们又收购了一家生产巧克力派的公司，并在世界各地设立了巧克力工厂。

雀巢公司还合并了英国的一家生产果酱和罐头的公司，以及意大利的一家奶酪公司。

此外，雀巢公司还合并了果汁公司、冷冻食品公司、制药公司，甚至还合并了法国的欧莱雅化妆品公司。

总部设在瑞士的雀巢公司现在已经成为世界最大的食品公司之一。

不断的挑战

1930 年的某一天，巴西咖啡协会为了解决巴西堆积的咖啡问题，找到了雀巢公司的负责人。巴西协会为了解决积压的咖啡想了很多方法却始终没有成功。雀巢公司接到委托以后立即制定了解决方案。

此后，经过8年的研究，雀巢公司研制出了速溶的粉末咖啡“雀巢咖啡”。雀巢咖啡是雀巢和咖啡的合成词。雀巢咖啡一问世就获得了巨大的成功。

第二次世界大战给宣传雀巢咖啡提供了一个很好的契机。在战场上，雀巢咖啡成为抵御寒冷的饮料。美国参战以后，雀巢咖啡成了驻扎在欧洲和亚洲的美军的主要饮料。

雀巢标志

“雀巢”的意思是“小小鸟巢”。雀巢标志是由一只大鸟和两只小鸟以及鸟巢组成的。它代表着雀巢公司关爱、安全、自然、营养的理念。

曾经有人提议把鸟巢标志换成瑞士国旗，但没有得到雀巢公司的采纳。雀巢公司现在的产品上仍然印有鸟和鸟巢的标志。

如今，雀巢咖啡在咖啡市场已成为领先品牌。除咖啡外，雀巢公司根据不同国家消费者的不同口味和饮食特点，生产出口了多种饮品。在中国，雀巢除了引进世界知名品牌和雀巢冰爽茶、雀巢美禄之外，还特别为中国消费者推出添加了维生素的固体饮料，以满足其口味需求。

品牌背后的故事

最先开发出速溶咖啡的雀巢公司，其咖啡的销量成为世界第一，这离不开雀巢公司的不断努力。雀巢公司的专家们根据世界各地的气候和环境的不同，栽培出不同品种的咖啡豆。这样一来，不仅可以增加产量，而且还可以根据生产者的建议制定价格。

菲律宾的雀巢公司农场根据专家提供的技术和管理方法，使产量增加了三倍。另外，泰国北部地区也设有咖啡农场。因为这个地区盛产大麻和鸦片，所以泰国政府批准雀巢公司在此种植咖啡豆，以此来代替大麻。

维氏军刀

Hello!
I'm 维氏军刀

品牌：维氏军刀
（VICTORINOX）
公司名称：维氏军刀公司
国家：瑞士
创始人：卡尔·埃尔森纳
主要领域：刀

名牌的诞生

1884 年，在瑞士阿尔卑斯有一位叫卡尔·埃尔森纳的青年开了一家制作刀具的铁匠铺。他是一个非常积极上进的青年。有一天，他得知瑞士军人所使用的刀是从德国进口的，对此，他感到非常吃惊和疑惑。

埃尔森纳立即创建了瑞士刀具行业互助会。然后向政府提出申请制造军用刀。他的申请理由是提高就业率，并且保护国内行业不被外国所侵占。

政府批准了埃尔森纳的请求。1891 年瑞士军队决定开始使用国产刀具。埃尔森纳把公司名称定为维氏军刀（VICTORINOX），并只生产了军刀。这样被制造出来的军刀通常被称为“瑞士军刀”。

这种军刀使用起来非常方便。军人们就算是退伍了也希望能得到一把瑞士军刀。于是，埃尔森纳在军刀原有的基础上添加了更多新的功能，开发出了普通人也能用的刀。这种刀的名称自然而然地就被叫做了“瑞士军刀”。

这种刀在韩国被称作“马盖先刀”。据说，这是因为美国某部电视剧的主人公马盖先，在紧急时刻从兜里拔出了一把瑞士军刀，从此，就被叫做了“马盖先刀”。

现在瑞士军刀种类相当繁多，里面所搭配的工具组合也多有创新，受到了人们的广泛欢迎。

45种功能

刀、螺丝刀、锯、镊子、剪刀等31种功能都加起来也只不过是185克的瑞士军刀,再加上针线、螺丝起子、开罐器等共有45种功能。

公司名称

维氏军刀公司这个名称是创始人卡尔·埃尔森纳为纪念自己死去的母亲,以母亲的名字“维多利亚(VICTORIA)”命名的。此后,不锈钢被发明出来,因此“INOX”一词就与“VICTORIA”合成了一直沿用至今的“VICORI-NOX”。

不断的挑战

维氏军刀能够成为世界性的著名产品,第二次世界大战起了决定性的作用。联军占领德国以后,在德国购买了很多瑞士军刀。从此,瑞士军刀被出口到了世界各地。现在维氏军刀公司生产的瑞士军刀中约有90%是被出口到国外的。

维氏军刀公司之所以能受到广泛关注是有其原因的。很多公司扩大规模以后,为了降低成本会在海外直接办厂。但维氏军刀公司在海外只有几家工厂,其他全部都在瑞士国内生产。

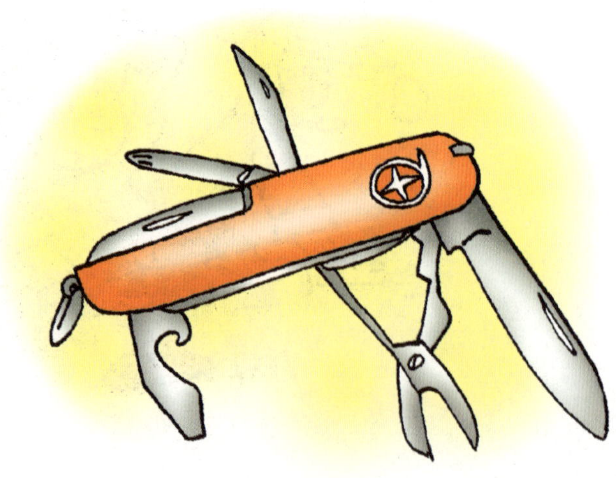

↑维氏军刀

另外，维氏军刀公司历经100多年从没有制造过其他东西，只专注于研究刀，这也是受到广泛欢迎的原因之一。维氏军刀公司把获得的利润又重新投入研究刀的方面。

为了保证军刀的质量，公司制定了不合格率为零的目标。

为了达到这个目标，工厂专门由10%的职员把关质量。维氏军刀公司制造完美产品的努力至今仍然在继续着。

品牌背后的故事

瑞士军刀因其功能繁多，所以也被称作“万能工具”。一把小小的刀，竟然能有这么多的功能，这无疑是维氏军刀公司的自豪。

此外，还有一件使维氏军刀公司感到自豪的事情。美国前总统约翰逊曾把亲自签名的瑞士军刀送给访问美国的来宾。瑞士军刀，让一个国家的总统都对它爱不释手。

希尔顿酒店 Hilton

名牌的诞生

Hello!
I'm 希尔顿酒店

品牌：希尔顿酒店
（Hilton Hotel）
国家：美国
创始人：康拉德·希尔顿
主要领域：宾馆

康拉德·希尔顿自幼就开始跟着做生意的父亲到处东奔西走。他最感到痛苦的就是晚上没有地方睡觉。从那时起，希尔顿就决心长大以后开一家宽敞明亮的大宾馆。

希尔顿拿着50美元来到了“石油大地”得克萨斯州开了一个食堂。虽然人生地不熟，但希尔顿充满了自信。

有一天，希尔顿做了两个奇怪的梦。第一个梦是莫布里老人在宾馆接待客人的梦。宾馆的客房全都满了，老人只好让客人在桌子上休息，客人们也都很情愿地躺在了桌子上。第二个梦里出现了已经过世的希尔顿父亲。父亲在梦里提醒他，这是一个赚钱的好机会。

希尔顿从梦中醒了过来。他感到非常吃惊，在仔细揣摩了两个梦境之后，他立即决定把食堂改成酒店。

希尔顿迅速进行了装修，把食堂分成了几间客房。事实证明希尔顿的决定是正确的。希尔顿通过酒店生意赚了很多的钱。他以自己的名字命名了酒店的名字。“希尔顿酒店”就是这样诞生的。

不断的挑战

希尔顿酒店的生意越做越红火，不过也面临过危机。1929 年随着纽约股市的暴跌，全球陷入了一场前所未有的

经济大恐慌当中。希尔顿酒店在此次危机中深受影响。当时希尔顿酒店的负债就有100多万，甚至连酒店的辩护律师都提醒希尔顿放弃酒店。

不过希尔顿始终没有放弃，他历经千辛万苦终于挺过了这场危机。

希尔顿酒店虽然挺过了危机，但是经济依然不景气。当时有很多的酒店都关了大门。

希尔顿的坚持给酒店带来了生机，他把危机当成了机会。在经济不景气的

康拉德·希尔顿

康拉德·希尔顿一共有8个兄妹，希尔顿是长子。从13岁开始他就做过公司职员、银行职员、军人、证券代理人等多个工作。

希尔顿要出去闯荡时，母亲其实是非常希望他能留在身边的。不过为了孩子的未来，母亲并没有挽留他。假如当时没有母亲的谅解和支持，可能就没有今天的希尔顿酒店了。

情况下，很多酒店都以很低的价格被希尔顿收购了。

希尔顿酒店开始分布于各大城市。希尔顿还投资了100多万美元建立了不少新酒店，可是结果却并不理想。不但投入的资金收不回来，而且还有很多人前来讨债。

希尔顿非常沮丧，这时他的一位知己借给了他5万美元，使希尔顿重新找回了自信。希尔顿一生都没有忘记这位知己的恩惠。

品牌背后的故事

有一天，记者们问康拉德·希尔顿有没有什么特别的才华。于是，希尔顿就拿出了一根铁棒，讲述了自己的理论。

希尔顿说，一根铁棒就那么放着，它就会生锈变得毫无用处。但是，用铁棒制作成马掌、针或弹簧，它就实现了自己的价值。

记者们这下才明白过来。希尔顿的成功不是从天上掉下来的，而是经过不断的努力争取到的。

星 巴 克

Hello!
I'm 星巴克

品牌：星巴克
(STARBUCKS)
国家：美国
创始人：霍华德·舒尔茨
主要领域：咖啡

名牌的诞生

星巴克是1971年由三个年轻人在西雅图开的一家高级咖啡店。以销售咖啡豆为主的星巴克咖啡店因为没开多久就广为人知并被人们所接受，所以他们马上又开了三家分店。

1982年，霍华德·舒尔茨在星巴克咖啡店担任了调查市场和销售咖啡的任务。

舒尔茨在澳大利亚出差时，他看到很多人早上在咖啡店喝咖啡，他们晚上还一起聚在这里聊天。

舒尔茨想：如果把星巴克也改成这样，应该也会很成功吧。

出差回来的舒尔茨虽然把自己的意见反映给了公司，却没有一个人赞成。

虽然遭到了反对，但是舒尔茨从未改变过自己的想法，他终于在 1987 年收购了星巴克公司,成为公司负责人。

他并没有把工作的重点放在广告上,而是选择了与其他企业合作的方式。

例如，在全美国获得最大书店称号的 Barnes & Noble,它以为读者提供读书喝茶的空间的方式，向世人宣传着它的品牌。

就这样,舒尔茨决定开始着手宣传自己的品牌。

不断的挑战

霍华德·舒尔茨非常重视味道、服务和气氛。

首先，他想到如果咖啡的味道不好，就算是别的方面再好，客人也不会再来了。

↑星巴克商标

因此，霍华德·舒尔茨为了把咖啡的味道做得最好，把提取咖啡的时间制定得十分精确，因为根据提取时间的不同，咖啡的味道也会发生变化。

然后，他还在提高服务质量方面做了很大的努力。为了给客人提供最优质的服务，霍华德·舒尔茨还为新职员设计了24小时的课程，这成为每一个职员的必修之课。

每当新开一个分店时，他都会把经验丰富的老职员派往新分店，并对新职员进行一对一的教学。

最后，霍华德·舒尔茨还为了让客人在更好的环境中饮用咖啡，做出了很大的努力。

霍华德·舒尔茨的努力

霍华德·舒尔茨为了让客人了解自己饮用的咖啡，特意雇用了一些懂得咖啡知识的人。

星巴克的菜单为了方便客人，用蓝色表示冷饮，用红色或橙色表示热饮。

在包装方面霍华德·舒尔茨也下了很大的功夫。他为了宣传西雅图是个以音乐和文化为代表的智能城市，特意把包装设计成表示智能的绿色。西雅图的人民非常支持此举。

为了营造良好的氛围，他还禁止职员们使用香水，以保持咖啡固有的香味。

自 1999 年 1 月，经星巴克授权的北京美大在北京开设中国的第一家星巴克分店以来，星巴克已经在中国多个城市开设分店，其中包括天津、杭州、宁波、南京、苏州等地。而星巴克咖啡在美洲、欧洲、亚洲等全球各地的分店已经超过万家。

品牌背后的故事

这是著名的萨克斯演奏家肯尼基在韩国釜山演出时发生的事情。肯尼基要求在他的宣传画报上要加上特定公司的广告，而这家公司的名称就是星巴克。

因为这次演出的赞助商中有哥伦比亚咖啡生产者联合会，所以企划人员并没有爽快地答应下来。

肯尼基斩钉截铁地对企划人员说，如果他们不答应这个要求，他将拒绝出席这次的演出。为此，企划人员不得不争取到赞助商的同意，并同意了肯尼基的要求。

斯沃琪

名牌的诞生

瑞士钟表虽然占据着世界钟表市场的30%，但是从20世纪70年代中期到1983年间，已经减少了7%。这个结果是由于日本开始进军钟表市场所造成的，对此，瑞士人是不会坐以待毙的。

Hello!
I'm 斯沃琪

品牌：斯沃琪（SWATCH）
国家：瑞士
创始人：尼古拉斯·G.海耶克
主要领域：钟表

他们为了重振当年雄风，同心协力创造了“ASUAG-SSIH”品牌，后来改名为斯沃琪。

斯沃琪社长和高级工程师们共同提出了以生产价格低廉的产品来正面反击日本的策略。除此之外，斯沃琪还秘密进口了一批制表业腕表机芯和零部件，并综合设计了钟表外形。

在当时，从瑞士生产的钟表都禁止用塑料，所以布兰科的一切工作都是秘密进行的。

斯沃琪创始人之一尼古拉斯·G.海耶克非常支持这个方案，所以计划按期进行着。

制作斯沃琪的表需要51个零件，这与其他钟表相比，已经算很少了。斯沃琪的职员们都很清楚顾客相对零件来说更加注重样式。

从此，斯沃琪不仅大力致力于设计样式，还为了降低成本价格制作了塑料钟表。

斯沃琪钟表以物美价廉赢得了年轻人的热爱，斯沃琪逐渐开始恢复当年的辉煌。

不断的挑战

之前人们一提起瑞士产的钟表，就会给人一种价格昂贵的感觉，所以父亲常把自己的表作为传家之宝送给儿子。

但是斯沃琪推出的新款式的表，并不是

↑斯沃琪的表

这样的。为了使价格低廉，厂家制作时用了塑料零件，并完全密封，所以表是不可修理的。如果表出现了故障，只能丢掉。

斯沃琪为了增加回头客，全心全力地努力生产。他们为了增加销量，不仅推出了各式各样的款式，而且还非常注重定价。

斯沃琪的钟表完全打破了传统瑞士钟表的风格。斯沃琪起初6个月换一

体育与斯沃琪

1980年以后有很多体育运动队加入斯沃琪。因为斯沃琪对运动员的福利很好，所以斯沃琪幸运地成为1996年亚特兰大奥运会和2000年悉尼奥运会的赞助商。不仅如此，2004年，斯沃琪还成为雅典奥运会的官方指定计时器。

个式样，但是到了后来，式样换得更频繁了。

斯沃琪还根据不同时机，如圣诞节、万圣节、情人节，推出了适合当时氛围的钟表。

就这样，在斯沃琪集团坚持不懈的努力下，斯沃琪在很短的时间内迅速成为受多个国家消费者欢迎的产品。

↑ 斯沃琪的表

↑ 斯沃琪的超薄表

品牌背后的故事

斯沃琪的钟表有很多独特的地方。1994 年，斯沃琪金属表开创现代金属表新纪元，不久就广为流行。除此之外，斯沃琪集团为了制作超薄型钟表，投入了很多资本。而在当时最薄的表是 1981 年生产的厚度为 0.98cm 的金属表。

斯沃琪集团非常注重解决材料问题。1997 年，在精密专业工程师、设计专业工程师、技术专家的不懈的努力下，厚度为 0.39cm 的斯沃琪超薄表问世了。

依　　云

Hello!
I'm 依云

品牌：依云
（EVIAN）
公司名称：依云公司
国家：法国
主要领域：水

名牌的诞生

1789 年，一位侯爵在美丽的阿尔卑斯山下的依云镇上疗养。得了肾结石的他，把欣赏阿尔卑斯山作为一天的开始。

有一天，这里的村民邀请他喝地下水。当时并没有谁关注依云的地下水，可是，在喝了地下水之后，侯爵的病竟奇迹般痊愈了。从此之后，他便开始研究依云的地下水。

经过长期的研究，侯爵不仅知道了这种地下水是经过最少15年冰川岩层过滤而成，而且水中含有多种矿物质，持续使用可以增加皮肤弹性。

依云水被迅速传开，专家们就此专门做了分析并且证明了其所具有的特别疗效。此后，大量的人们涌到了依云小镇，亲自体验依云水的神奇，医生们更是将它列入药方。

拥有这种地下水的主人决定将泉水用篱笆围起来，并开始出售依云水。

从此，被公认为“健康之水”的依云矿泉水成为在世界的任何地方都能买到的水。

拿破仑三世及其皇后对依云小镇的矿泉水情有独钟，1864 年将这个小镇正式赐名为依云镇。

不断的挑战

依云公司因为不满足只在法国销售的现况，决定进军美国市场。他们认为一方面把这种欧洲产的水高价销售以外，另一方面还要注重宣传价格的名副其实。

此后，依云的矿泉水成为畅销于世界的商品。

经过市场调研，依云公司了解到很多家庭主妇用热水烫或放进微波炉来缩小水瓶体积的方法后，认为开发减轻家庭主妇负担的压缩技术，将有利于依云水的销售。

1969 年，代替玻璃瓶而登场的 PVC(用于制作管子或器皿的一种树脂)水瓶，因为体积太大，不适合而被扔进了垃圾桶。1984 年，依云公司的螺旋状瓶盖闪亮登场。1991 年，依云公司又开发出新的水瓶。

他们以可口可乐公司的小型瓶子来代替以前使用的 PVC 材质的水瓶，新换的水瓶比起以前的水瓶有不易破的优点。换了包装的依云矿泉水受到了更多消费者的欢迎，并且一直把这种人气保持到现在。

↑依云矿泉水

依云公司一年约生产 13 亿升水，但是他们从没有忘记过这种矿泉水是诞生在阿尔卑斯山脉上。

直到现在，依云公司仍然一直强调关心自然和净化环境、生产净水的企业精神，并为此而不断地付诸努力。

品牌背后的故事

依云公司曾在海湾战争时为美军提供产品。美国军人在炎炎烈日下提着依云水行军的样子通过电视传遍了整个世界。虽然战争爆发并不是一件好事情，但是海湾战争却为依云水做了一个无可替代的广告。

在澳大利亚召开网球大赛时，选手们喝依云水的样子，使人们对于依云水不再陌生。

1992 年，依云水以在法国阿尔贝维尔举行的冬奥会为契机，又做了一次广告。为了纪念这次冬奥会，依云限量生产了阿尔卑斯山形状的水瓶，也获得了消费者的好评。

惠　普

Hello!
I'm 惠普

品牌：惠普
（HEWLETT PACKARD）
公司名称：惠普公司
国家：美国
创始人：戴维·帕卡德，比尔·休利特
主要领域：数码产品

名牌的诞生

戴维·帕卡德和比尔·休利特在斯坦福大学学习的时候，就结为了挚友。一天，戴维、比尔和其他一些学生，在特曼教授的带领下，一起去一个无线设备公司参观。

特曼教授说道："因为在这个领域里受到正规教育的人很少，所以，有待你们开发的东西还很多。"戴维和比尔听完教授的话之后，决定以后从事这个行业。

毕业后，比尔在斯坦福大学和麻省理工学院继续研究生学业，而戴维则在通用电气公司找到一份工作。不久之后，重逢的二人决定合作开办公司。

1939 年,他们怀着对未来发展的美好憧憬和发明创造的激情,用手边仅有的 538 美元创建了 HP 公司,开始了硅谷的创新之路。二人通过抛硬币的方式来决定公司的名称。结果比尔赢了,所以公司的名称定为惠普。

戴维负责经营,比尔负责技术开发。就这样,两个人开始了他们的创业之路。由于他们分工合理,合作得非常成功。不久之后,他们就发明销售了保龄球专用的无线犯规信号机。

一天,比尔提议要销售音频振荡器。这个装置作为一个测量音波的机器成为带给惠普公司幸运的成功之作。它被卖到华特迪士尼电影公司之后,惠普公司取得了一笔可观的收入。

如今，惠普公司已成长为生产数码影像、打印机、电脑等两万种以上产品的公司。惠普公司凭着几千种世界顶尖技术，不仅是尖端技术的工业团体，而且还是美国硅谷的元老级公司。

不断的挑战

在惠普公司成为世界级的公司之前，其内部有一种被称为“惠普式”的工作方式。戴维和比尔非常信任员工，他们给员工一种公司需要他们的意识来使员工们更加努力地工作。除此之外，他们从不因为公司的经济危机而解雇员工。

1970年，虽然硅谷经济不景气，但是惠普公司并没有解雇员工，而是选择了减薪10%、两个月六天工作制的方式。当时在惠普流传着这样一句话——在我们的社长面前，没有解决不了的事情。

戴维和比尔并不是在办公室指导工作，而是一边巡视现场，一边与生产员工进行交流。他们还实行了别的公司不实行的企业利润分配

硅谷的诞生地

美国加州帕洛阿尔托市爱迪逊大街367号有一间车库。1938年，惠普公司的两位创始人戴维和比尔以月租45美元，将这个车库租了下来，开始了创业之路。

这间简陋的车库，就是世界顶级高科技园区硅谷的发源地。每年有超过4万人来到这里参观，探寻硅谷创业精神。

↑惠普标志

制度，每年过圣诞节的时候都会组织聚会，分红给职员们。这个制度一直持续到公司太大而不能再实施的时候。

1960 年，公司实行了自由工作制。

这个制度是根据职员的工作意愿来实行的有效率的制度。就这样，凭着相信所有职员和家庭般的气氛，惠普公司在经过 60 多年以后仍立于不败之地。

品牌背后的故事

在交际能力优秀的戴维身上曾发生过一件这样的事情。

有一天，戴维与他的随行人员来到工厂。那时，有一个工人正在做最后的工作，由于塑料质的框非常滑，戴维正想用手去碰它，工人突然大声叫住他。与他随行的人立刻大声斥责工人，但是工人却理直气壮地说，谁也不能打扰他的工作。戴维马上跟工人说，他为他刚才妨碍到工人工作的行为，感到很抱歉，还说为有这样的工人而感到骄傲。

正因为有了经营者与员工之间的互相信任，才有了今天的惠普公司。

可口可乐

Hello!
I'm可口可乐

品牌：可口可乐
（COCA COLA）
公司名称：可口可乐公司
国家：美国
创始人：约翰·彭伯顿
主要领域：饮料

名牌的诞生

100多年前，深受世界人们欢迎的可口可乐在美国佐治亚州的亚特兰大市诞生了。

1886年，一个名叫约翰·彭伯顿的药剂师试验一种新配方。他挑选了几种特别的成分，然后把它们混合加热，配制出一种奇特的糖浆。他感觉美味可口，味道好极了。于是，他把这种糖浆带到了雅各布药房，卖5分钱一杯。于是，一种怡神畅快的饮料就这样诞生了。

彭伯顿的一名雇员，给这种全新的饮料起了一个响亮的名字——Coca-Cola，并设计书写出这个现今举世闻名的世界著名商标。

彭伯顿并没有想到自己的这项发明在日后有庞大的发展。

1888年，他把可口可乐的秘方卖给了一个叫阿萨·坎德勒的商人，坎德勒很快成立了一家公司专门生产和经营可口可乐。

坎德勒使出种种新颖的手法推广产品。按照他的推算，只要让人们尝一口可口可乐，他们从此之后一定会愿意掏腰包去买。所以，坎德勒采用每卖一张彩券免费赠送一瓶可口可乐的方式。果然，品尝到这种饮料的客人都沉迷于这种味道而无法自拔。

他甚至把装运可口可乐糖浆的桶刷成引人注目的红色。越来越多的人发现了这种新的怡神畅快的饮料，可口可乐开始遍布美国各地。

不断的挑战

制作可口可乐的原料来自南美洲和非洲等多个地区。可口可乐是由水、白砂糖、可可、香料等和其他几种秘密成分制成的。

可口可乐公司通过第二次世界大战占据了美国市场的中心地位。在第二次世界大战时,美军仅需要5美分就可以喝到一瓶可口可乐。

可口可乐公司还特意为军队准备了移动销售点,不管军队走到哪里,都能喝到可口可乐。这给了美国人很深的印象。

可口可乐公司的成长过程并非一帆风顺。1985年,可口可乐公司推出了新型可乐。他们认为这种比原来的可乐更加香甜的新可乐一定能获得成功,并对此毫无怀疑。

但是，消费者们却不这么认同。原来的可乐比新型可乐更加畅销，每天的销量竟达到了数百万瓶。可口可乐公司知道战略失败以后，立即反省了错误，在3个月内停止了生产新型可口可乐。

↑可口可乐

品牌背后的故事

一天，路德看到女友茱蒂拿着一张报纸，上面有条征集可口可乐饮料瓶子的设计方案的广告，赏金1000万美元，路德顿时眼前一亮。

虽然他是一个小型制瓶工厂的技术人员，但从那天开始，他就辞职了，专心地为可口可乐公司设计瓶子。

6个月后的一天，路德突然看到茱蒂穿了一条腰身比较窄，臀部比较突出并带皱纹的长裙，马上想到了瓶子的设计方案。路德找到可口可乐的老板，把自己的创意给他看。但老板认为，瓶子凸出来的部分，会使所装可乐过多，并不太赞同。

但实验发现，实际装在这种曲线形的瓶子里的可乐，要比看上去的少很多，于是，老板当即拍板，签订了合约。

路德得到了巨额奖金。

华特迪士尼 Walt Disney

Hello!
I'm 华特迪士尼

品牌：华特迪士尼
（Walt Disney）
国家：美国
创始人：华特·迪士尼，
罗伊·迪士尼
主要领域：动画电影
代表电影：《木偶奇遇记》、《幻想曲》、《白雪公主和七个小矮人》、《小鹿斑比》、《米奇与魔豆》。

名牌的诞生

华特·迪士尼在23岁时拿着40美元来到了洛杉矶。迪士尼一心想成为一名漫画电影制作人，但在他到达洛杉矶之后，才发现想要实现这个梦想并不容易，没有一家电影公司愿意聘用迪士尼。

迪士尼决定开一家自己的电影公司，于是，便找到了住在洛杉矶的哥哥罗伊·迪士尼。迪士尼和哥哥以每月10美元的价格租了一间仓库，成立了迪士尼兄弟公司。谁也没有想到就从这间破旧的仓库开始，迪士尼兄弟公司逐渐壮大，发展成了现在的“华特迪士尼”公司。

创办电影公司的迪士尼推出了动画片《爱丽丝梦游仙境》。影

↑米老鼠

片制作完成后，迪士尼让分销商玛格丽特帮他推销电影。玛格丽特爽快地帮助了他。

此后，迪士尼与玛格丽特的丈夫一起创造了可爱的兔子形象“奥斯瓦尔德”。人们非常喜欢奥斯瓦尔德。不过迪士尼却遇到了麻烦，迪士尼与环球影城在签合同时，规定共同享有奥斯瓦尔德的版权。由于这个失误，迪士尼最终失去了奥斯瓦尔德的所有权。

不过，一次偶然的机会使迪士尼重新获得了生机。迪士尼坐在从纽约开往洛杉矶的火车上，闲来无事，他即兴作画。仓库中经常钻进钻出的老鼠突然跃入了他的脑海，于是，一只机灵可爱的老鼠就在他的笔下登场了。

迪士尼给它取名为“米老鼠”。不久，以米老鼠为主人公形象的动画片《米奇与魔豆》诞生了。这部电影给迪士尼带来了巨额的财富。可以说，迪士尼的成功就是从米老鼠的诞生开始的。

不断的挑战

米老鼠开着飞机冒险的动画片《米奇与魔豆》的成功，鼓舞了迪士尼。此后，迪士尼又推出了很多关于米老鼠的电影，都受到了广泛欢迎。1937年推出的《白雪公主和七个小矮人》，上映不久就受到了好莱坞的关注。

↑白雪公主和七个小矮人

但是，迪士尼并没有为此骄傲，而是比以前更加努力地工作了。经过不断的努力，迪士尼推出了一系列的影片。《木偶奇遇记》、《幻想曲》以及《小鹿斑比》都受到了很高的评价。

迪士尼的成功离不开他独到的经营方式。20世纪20年代迪士尼专门设立了创意部门，这里的职员们可以尽情地发挥自己的想象力，创造电影。另外，还规定了奖金制度，并且经常对职员们进行培训，20世纪60年代还设立了综合大学。

迪士尼公司所建的乐园不仅限于美国，在其他国家也建立了不少。1983年4月在日本东京建立了东京迪士尼

迪士尼乐园

华特·迪士尼决定在佛罗里达建立一个“迪士尼乐园”。不过可惜的是，他本人没有见到迪士尼乐园竣工就在1966年因肺癌去世了。而迪士尼乐园是在1971年完工的。为了纪念迪士尼，迪士尼乐园的名字被改成了“华特迪士尼乐园”。

↑幻想曲

乐园。1992 年在法国巴黎建立了欧洲迪士尼乐园。2005 年，中国香港迪士尼乐园向游客开放。2016 年，中国上海迪士尼乐园开业。

↑迪士尼乐园

正因为迪士尼不断的努力和不满于现状的挑战精神，才有了今天的华特迪士尼电影公司。

品牌背后的故事

在迪士尼乐园里可以见到动画片里的人物形象，这些形象给孩子们营造了一个真实的童话世界。

迪士尼 1955 年在佛罗里达州的阿纳海姆建立了“迪士尼乐园”。美国所有的迪士尼乐园几乎一模一样，都是由 8 个主题园区构成：美国大街、冒险乐园、新奥尔良广场、万物家园、荒野地带、欢乐园、米奇童话城、未来世界。

疯狂的轨道，人工制作的密西西比河，还有深入水下的潜艇，把孩子们带到了幻想的世界。

还有米老鼠、唐老鸭、白雪公主等模型，都给孩子们带来了无穷的乐趣。

KFC

Hello!
I′m KFC

品牌：KFC
国家：美国
创始人：哈兰·山德士
主要领域：快餐

名牌的诞生

哈兰·山德士的童年是在贫困中度过的。1930年，40岁的哈兰·山德士在美国肯塔基州开了一个加油站。

有一天，经过这里的一名推销员对山德士说，这里没有一家像样的餐馆。于是，山德士决定开一家餐馆。

从小就喜欢料理的山德士把加油站的一部分改造成了餐馆，并以父母教给他的南部传统料理作为主要菜单。南部传统料理主要有炸鸡、火腿、油炸饼等。

路过加油站的游客们都非常喜欢山德士做的各种小吃，餐馆的生意由此稳步地发展了起来，逐渐吸引了更多的过往游客。最后，山德士干脆关掉了加油站，认真地经营起了快餐店。

山德士最拿手的就是炸鸡。但是，用平锅炸鸡需要的时间太长了。为了提高炸鸡的效率，他整天都在研究炸鸡的方法。

经过多次试验，山德士终于在 1939 年时，发明了用压力锅炸鸡的方法。压力锅仅用 10 分钟就能炸出色香味美的鸡肉。

世界上最优秀的炸鸡快餐店 KFC 就是这样开始的。

不断的挑战

开发出新的烹饪方法以后，山德士的餐馆越来越红火。不过有一天，他接到了一个不好的消息，原来要在餐馆旁边开辟的交叉路被取消了，也就是说，游客们不会再经过山德士餐馆旁边的这条路了。往日热火朝天的景象突然不见了，餐馆变得异常冷清。

山德士为了还债，只好低价处理掉餐馆。失去餐馆的山德士只好靠政府的补贴维持生活。不过他没有就这样放弃。

山德士以连锁的方式，把炸鸡的秘诀告诉了另一家餐馆的老板。

知道料理方法的老板也开始经营炸鸡了，美味的炸鸡吸引了很多客人。听了这个消息以后，其他餐馆的老板也纷纷加入了这个连锁，他们每卖掉一只炸鸡就要付给山德士 4 美分。

山德士开始到处联络想要加入这个连锁经营的人。他希望能凭着炸鸡的料理方法东山再起。

山德士开着一辆小汽车，里面拉着压力锅、香料以及各种调味料出发了。

山德士的模样

现在去肯德基也能见到山德士的画像。那位有着白头发和雪白胡须的慈祥老爷爷，就是山德士。

山德士上校

1935 年，山德士受到了当时的肯塔基州州长的表彰，授予他上校的荣誉称号，人们开始叫他“亲爱的山德士上校”，直到现在。

他为了省钱,把小汽车当成了自己的家,在车里睡觉,还在加油站的厕所里洗过脸,刮过胡子。

那时的他,每天都会对着镜子激励自己。

经过不断的努力,山德士终于创造了世界性的品牌KFC。

品牌背后的故事

哈兰·山德士出生于美国印第安纳州,上了几年小学就辍学了。他从15岁开始就做过各行各业的工作,包括铁路消防员、养路工、保险商、轮胎销售及加油站主等。日子过得虽然有些苦,但是他非常诚恳,非常勤奋。他还自学获得了法学博士学位,在大学里还学习过酒店经营学。

山德士从来都不怕遇到挫折。在餐馆面临困难,靠政府补贴生活的情况下,他依然振作精神,重新站了起来。

他的这种不倒翁式的精神,非常值得大家学习。

施　乐

Hello!
I'm 施乐

品牌：施乐
（XEROX）
公司名称：哈罗依德施乐公司
国家：美国
最佳经营者：约瑟夫·威尔逊
主要领域：复印机

名牌的诞生

1906 年在美国纽约成立的哈罗依德公司是一家专门生产相纸的公司。

约瑟夫·威尔逊在 1945 年成为哈罗依德公司的总裁。正在寻找新的事业项目的他，决定开发复印机。

作为专利事务律师和业余发明家的切斯特·卡尔逊是复印技术的发明人。他用了几年的时间，试图出售这个发明专利，但未能成功。当时的公司管理人员和企业家们不相信有了碳素复写纸，复印机还会有什么市场，况且当时复印机的原型产品是那么的笨重难看。当时有大约20

家公司，包括 IBM 和通用电器公司，都拒绝了卡尔逊的这项发明。

只有巴特尔研究院购买了这项发明 60%的所有权。

约瑟夫·威尔逊非常看好复印机的发展前景，因此他来到了巴特尔研究院。1948 年，在切斯特·卡尔逊发明复印技术 10 年之后，威尔逊制作出了可以在一分钟内完成复印的复印机，但是他并没有把复印机推向市场。

当时，虽然有很多公司已经开始推出复印机了，但是威尔逊并不着急，因为他很清楚没有绝对优势的产品在市场上是站不住脚的。

1958 年，哈罗依德公司更名为“哈罗依德施乐公司”，并专注于开发复印机。经过不断的努力，威尔逊在 1959 年推出了“914 复印机”。

追求完美的威尔逊开发的“914”几乎成了复印机的代名词，在全球被广为使用。

不断的挑战

约瑟夫·威尔逊的经营哲学是“走别人没有走过的路”。在发明了914复印机之后，他尝试了一种新的销售方式。

914复印机比起其他复印机来讲，价格较贵，所以一般的办公室都没有选择它。对此，威尔逊想出了一个好办法，那就是收取租金，把914复印机租出去。

产品推出的第二年，施乐公司就租给了顾客数千台复印机。顾客们的反应非常好。1967年出租的复印机数量约有19万台，租金收入也与日俱增。

不仅如此，出租复印机的税率比销售复印机的税率小很多，这也给公司节省了很多钱。威尔逊把省下来的钱全部都投入产品研究和开发方面。

施乐公司的复印机之所以能大受欢迎，是因为它的性能非常好。其他公司的复印机大部分都得使用特殊的复

914复印机

经过很长时间才被开发出来的914复印机，它的名字是根据复印纸的大小取的。复印纸宽9英寸，长14英寸，所以复印机被叫做了“914”。

↑施乐商标

印纸才能复印。而施乐公司的复印机用一般的纸张就能复印。

不断改进质量，投入大量的时间和资金到产品开发上，是施乐公司得以成功的最大秘诀。施乐公司生产的复印机正在世界各地不停地运转着。

品牌背后的故事

经过很长一段时间的开发,914复印机终于在英国伦敦的发布会上展出。曾经发生过因复印机过热而引起火灾的事故,使人们对复印机的性能产生疑惑,威尔逊却非常信任施乐公司的复印机不会产生任何问题。另外,他还以出租这种独特的方式进行经营。914复印机很快就得到了消费者们的认可,施乐公司也越来越繁荣了。

威尔逊认为作为一个真正的企业家不能仅仅为了多销售产品而奋斗,而应该为公司的前景和发展多做考虑。在威尔逊的努力下,施乐公司几乎成了“复印”这个领域的代名词。

强　生

Hello!
I'm 强生

品牌：强生
（Johnson and Johnson）
国家：美国
创始人：詹姆斯，爱德华，罗伯特·约翰逊
主要领域：卫生用品

名牌的诞生

1876年的一天，英国内科医生约瑟夫·李斯特在美国费城的医学会上，以改善手术室卫生环境为主题做了一场讲座。

当时医生们对细菌没有多少了解。所以，李斯特教授的这场关于细菌的讲座并没有引起人们多少关注。

不过，有一位年轻人非常认真地听了讲座。他就是在纽约经营约翰逊制药厂的罗伯特·约翰逊。

罗伯特·约翰逊在医院和药店工作时，了解到医院手术室的卫生情况非常糟糕。他听了约瑟夫·李斯特教授的讲座以后，决定要专注于研究开发没有细菌的卫生用品。

约翰逊听完教授的讲座以后，把弟弟詹姆斯和爱德华聘请了过来，一同经营约翰逊制药厂。

1886年，詹姆斯和爱德华合作创办了强生公司。后来，约翰逊也加入了强生公司。

三兄弟利用棉和纱布发明了手术用绷带，为了避免细菌感染，还把绷带包装了起来。这样被包装的绷带，即使是在搬运途中也很少受到细菌的侵害。

他们发明的绷带非常畅销。为了扩大生产规模，他们还盖了40层高的工厂。

一名叫做迪克逊的强生员工发明了邦迪创可贴，起初他只是作为自己平日发生小创伤时备用的，后来成了强生公

司闻名世界的产品。

不断的挑战

20 世纪 80 年代初，强生公司的“泰勒诺事件”震惊了世界。有人在强生公司的镇痛剂泰勒诺里下了毒。含有有毒物质的泰勒诺经过几周才被人们发现。“泰勒诺事件”以后，泰勒诺的销售量急剧下降。强生公司决定召回美国境内所有已经出售的泰勒诺。

要召回所有的药物需要花掉 7500 万美元。强生公司尽管没有足够的资金，但是为了公司的名誉，还是决定召回所有的药物。

强生公司之所以能做出这样的决定，是因为遵守了公司的经营哲学。约翰逊总裁时常提到企业的成功取决于伦理态度。公司的职员们也都非常重视这种经营哲学。

“泰勒诺事件”过去5个月之后，强生公司推出了新的泰勒诺。经过3年的努力，泰勒诺终于恢复了原来的销售量。强生公司的职员们一直都坚信当初召回泰勒诺是正确的决定。

品牌背后的故事

强生邦迪创可贴的发明源于丈夫对妻子的关爱。强生公司员工迪克逊的妻子在做菜时，经常会不小心伤到手，因此，迪克逊时常要为妻子疗伤。迪克逊心想，要是有一种使用方便的治疗伤口的药物就好了。此后，他利用外科用胶带和纱布，发明了创可贴。不过还存在一个问题，那就是没有包装的创可贴很容易被细菌感染，但是要是用普通的纸包装，创可贴又会与包装纸粘在一起。最后，他采用一种特殊的材料包装了创可贴。强生邦迪创可贴就是这样诞生的。

开　　利 Carrier

Hello!
I'm 开利

品牌：开利
（Carrier）
公司名称：开利公司
国家：美国
创始人：威利斯·开利
主要领域：空调

名牌的诞生

威利斯·开利出生于纽约。小时候的他就喜欢修补家用器具和农场里的农具，头脑非常灵活，学习成绩也很突出，所以他获得了奖学金并进入了康奈尔大学。

在大学期间，开利专攻机械工程专业。毕业后，他到了一家制作暖气机、风箱及排气系统的公司——水牛城锻造公司的加热工程部工作。

入社不到一年，他就接到了公司让他开发空调的通知。

水牛城锻造公司的一家老客户——某印刷出版公司偶尔会因纸张及墨水受了热度及湿

度的影响，无法印出真实的颜色，严重影响了这家印刷出版公司的交货日期。

为此，开利开始了刻苦的钻研。经过多次实验，他终于在1902年开发出了冷却及湿度控制系统。

开利把暖气改造成了可以自由调节空气温度和湿度的系统。只要往这个系统里送入空气，空气就会变成一种冷风，降低周围的温度。这是一个可以冷却及控制湿度的系统。

但是，在开利开发出新的空调系统时，水牛城锻造公司被强迫缩减投资，关闭了空调部门。于是，开利和几个同事于

1915 年合作成立了开利公司 。

从小就喜欢动脑的开利，经过不断的努力，终于成为“现代空调之父”。

不断的挑战

威利斯·开利的公司发展得异常顺利。在公司成立不到一年的时间里，就接到了多份要安装空调的订单。

有了开利发明的空调，那些工厂的产品质量和生产量都得到了极大的提高。

美国南部的一家纺织厂因湿度不足经常发生静电现象，因此，纺织品经常会起毛，给纺织工作带来了很多不便。开利利用调节空气湿度的方法，解决了纺织品起毛的现象，从此，纺织厂生产出了优质的布料。

1907 年，开利的空调首次向日本横滨的丝绸工厂出口。

另外还有剃须刀、胶卷、烟草、糖果、鞋子等多家工厂利用空调，大幅提高了产品的质量和生产量。

1925 年，纽约的一家剧院安装了 130 吨的大型冷却装置。可以说，从此人类进入了大型空调的时代。

开利的激情

开利是一个成功人士。就像他所说的那样，他的梦想与现实是符合实际的。他为了给人类创造健康的生活环境，以极高的工作热情，专注于研究开发活动。有一次，他坐在火车上专心致志地思考着问题，最后竟然忘记了自己想要去的目的地。

开利的心脏一直不太好，临终前的一段时间里整天都要躺在床上，可是他从来都没有放弃过研究工作。

开利正是因为抓住了机遇，生产出改善了人们生活环境的产品，才获得了巨大的成功。

不过，如果他没有克服困难，勇于创新的精神，开利空调可能也就不会成为现在的世界名牌了。

品牌背后的故事

开利的童年是在纽约的一家农场里度过的。

开利从小就喜欢思考问题。有时，他的一个疑问，要思考一两年。开利不仅发明了空调，还发明了空气净化器。就这样，靠着不断地发明新产品，他赚了很多钱。

但是，开利即使是成了富翁，还是过着平凡的生活，他从来都没有忘记自己只是一个工程师。

胡　　佛

Hello!
I'm 胡佛

品牌：胡佛
（HOOVER）
公司名称：W.H.胡佛
国家：美国
创始人：威廉·H.胡佛
主要领域：吸尘器

名牌的诞生

1907 年，詹姆斯·穆雷·斯潘格勒在俄亥俄州的一家百货店里做清洁工作。斯潘格勒因清洁时产生的灰尘患上了支气管炎。当时的清洁器相当笨重，不但使用起来很不方便，工作时还会产生大量的灰尘。斯潘格勒虽然想为了自己的健康辞去这份工作，但他窘迫的家境使他很需要这份收入。

斯潘格勒下决心要制作一台使用便利的清洁器。他找来了制作清洁器的材料和工具，首先制作了一个密封的小箱子，为了方便地移动它，在箱子下面安装了几个轮子，接着安装了马达和

风扇，最后再经过简单的零部件组装，就这样研制出了真空吸尘器，并在1908年获得了专利。

斯潘格勒的表姐对这台真空吸尘器的功能感到非常地惊喜。站在一旁的丈夫威廉·H.胡佛在思索着。

当时，胡佛正经营一家皮革制品公司。但是随着汽车产业的发展，他的皮革马鞍的销售情况并不理想。因此，当他看到这台真空吸尘器时，灵机一动，就盯上了吸尘器的发展前景。于是，他购买了斯潘格勒的专利，开始生产吸尘器了。

不断的挑战

胡佛为了销售吸尘器实施了一套独特的营销战略。他在报纸上刊登了广告，谁都可以根据广告上的电话号码拨打热线电话申请。拨打电话申请的人可以免费使用胡佛吸尘器10天。拨打热线电话的人非常多，但是，胡佛并没有直接把

W.H.胡佛

胡佛公司的家电产品至今仍位列世界名牌产品的行列。

胡佛吸尘器受到了人们的广泛欢迎。W.H.胡佛公司的工厂建设至今从来没有换过地方。美国《财富》杂志将胡佛公司的工厂评为美国五大著名工厂之一。

另外,牛津辞典把胡佛的意思解释成了"真空吸尘器"。

吸尘器快递给那些申请人,而是通过其他商店转交给申请人。

这里隐藏着胡佛的营销战略。胡佛把吸尘器送往各大知名商店,然后再让商店把吸尘器转交给申请人。有人在试用10天以后,如感到满意再到商店购买吸尘器,胡佛就会支付给商店一定的报酬。对于代理吸尘器的商店来说,这是个只赚不赔的生意。

正如胡佛所想,有很多的商店都想要代理销售胡佛吸尘器。胡佛的这种战略获得了成功,越来越多的商店代理了吸尘器。

通过这种方式胡佛吸尘器被销往

美国的各个地区。在皮革销售方面并不如意的胡佛，干脆全身心地投入吸尘器的销售当中，并将公司的名称改成了“W.H.胡佛”。如今，在美国，胡佛品牌已经成了吸尘器的代名词。

品牌背后的故事

胡佛虽然以独特的方式，为吸尘器进行了广泛的宣传，但是它的最初销售情况却并不理想。胡佛亲自视察代理商店以后，才发现这些代理商店的主人们对真空吸尘器并不是很了解。为了给那些购买吸尘器的家庭主妇进行产品的说明讲解，胡佛决定亲自出马。

胡佛带着吸尘器亲自上门推销，他一边打扫卫生一边给主妇们讲解胡佛吸尘器的优点。这种做法受到了主妇们的一致好评。

从那以后，胡佛培养了一些专门的营销人员，让他们到处去推销自己的吸尘器。不过，经过一段时间以后，胡佛发现这种方法并不比代理销售的方法好，就继续实行了代理销售的方法。

贺　曼 Hallmark

Hello!
I'm 贺曼

品牌：贺曼
（Hallmark）
国家：美国
创始人：乔伊斯·克莱德·赫尔，罗利·赫尔
主要领域：贺卡

名牌的诞生

出生在美国内布拉斯加州的乔伊斯·克莱德·赫尔的父亲是一位牧师。父亲要到处去传教，所以没有时间顾及家庭。

赫尔为了维持生计，与哥哥一起去推销香水和明信片。

18岁的那年，赫尔遇到了一次绝佳的机会。他接到堪萨斯州贺卡供应商的委托给其他杂货商分发贺卡的任务。赫尔觉得这是个很好的发展机会，于是来到了堪萨斯州。

一年之后，乔伊斯·克莱德·赫尔的哥哥罗利·赫尔也加入这项工作。获得大量圣诞贺卡和情侣贺卡货源的两兄弟，逐渐扩大

了事业规模。

不过，两兄弟的幸福并没有持续太久。存放贺卡的仓库发生了火灾。

要发往堪萨斯州、密苏里州以及俄克拉荷马州的数千箱贺卡，一夜之间化为了灰烬。两兄弟赚钱还债的希望也完全破灭了。

但兄弟俩并没有就此放弃，他们用银行贷款购买了堪萨

斯州的一家工厂，然后成立了贺曼兄弟公司，直接生产贺卡。他们在圣诞节前夕推出了两款圣诞贺卡，大受欢迎，还赚了很多钱。

不断的挑战

贺曼兄弟公司刚刚成立时，在美国只有圣诞贺卡和情侣贺卡这两种贺卡。

他们发现美国人并不讲究形式，所以他们决定生产贴近日常生活的实用型贺卡。

首次推出的印有祝福的友情贺卡，大受人们的欢迎。

获得自信的两兄弟继续扩大领域，制作了生日、祝福、爱情、慰问、健康、感谢等多方面的贺卡。

第一次世界大战给他们提供了又一次发展的机会。他们特地为参战的士兵们着想，制作了以思念为主题的贺卡。士兵的家人们纷纷购买了这款贺卡。

贺曼兄弟努力地宣传他们的贺卡，并把公司名称由原来的“贺曼兄

贺卡领域的巨头

基于亚洲市场对贺卡及有关产品的需求日益旺盛，自1999年起贺曼公司全力进军中国市场，上海的浩洋贺卡中国有限公司是贺曼公司在中国的独家贺卡经销商。如今公司业务已扩展至超级市场、百货商店、书店等500多个销售网络，并成立北京、广州、深圳分公司。贺曼中国引进国外精致的贺卡、礼品、贺曼熊等特色产品，积极设计本地中英双语贺卡系列，并定制公司贺卡。现在，贺曼贺卡已是高品质贺卡的首选，公司设计的新年贺卡远销英国、加拿大等十几个国家和地区。

弟公司"改成了现在的"贺曼贺卡公司"。

贺曼兄弟还发明了一种可以把贺卡陈列在书桌上的方法。这种方法叫做"Eye-Vision"。这种垂直摆放贺卡的方法非常方便,被人们沿用至今。

品牌背后的故事

1928年,贺曼贺卡公司首次在杂志上刊登了广告。20世纪30年代,还赞助了专门为观众读贺卡的广播节目。1944年贺曼贺卡公司赞助的广播节目,播送了这样一则广告:"当你想传递你的真心时,请选择贺曼贺卡。"这则广告也正是贺曼贺卡公司所要表达的心声。

另外,贺曼贺卡公司还为消费者提供了贺卡定制的服务,通过这项服务,消费者们可以根据自己的想法设计出自己喜欢的贺卡。

CK

名牌的诞生

从小就喜欢时装的卡尔文·克莱恩在著名的美国纽约时装学院学习。他的梦想就是成为一名出色的服装设计师。不过，他毕业初期并没能显示出多少与众不同的才华。

卡尔文·克莱恩在一家小小的服装厂当了6年的设计师，可是凭借服装厂的这点工资是根本养活不了一家三口的。

经营食品店的巴里·卡斯沃兹是卡尔文·克莱恩多年的老朋友。两人决定联手干出一番大事业，于是他们向巴里·卡斯沃兹的父亲借了1万美元。

1968年，两人合作创办了卡

Hello!
I'm CK

品牌：CK
（Calvin Klein）
国家：美国
创始人：卡尔文·克莱恩，
巴里·卡斯沃兹
主要领域：服装、化妆品

尔文·克莱恩股份有限公司。虽说是股份有限公司，规模却非常小，两人租了一间客房，把客房当成了办公室。卡尔文·克莱恩负责设计服装，巴里·卡斯沃兹负责经营和销售。

卡尔文·克莱恩为了实现自己的梦想，拼命地工作。

在当时的美国，超短裙和透明的上衣非常有人气。但是，卡尔文·克莱恩却没有设计这些，他设计的第一款女性外套，显示出了女性优雅而经典的风格。卡尔文·克莱恩对自己的设计非常有自信。

卡尔文·克莱恩的发展源于一次偶然的机会。一家大型百货公司的老板不经意间走错楼层，来到了卡尔文·克莱恩的卖场。老板看到卡尔文·克莱恩设计的服装后非常满意，当场就订购了5万美元的服装。

以此为契机，卡尔文·克莱恩的服装被大众所熟知，越来越多的百货公司订购了他的服装。

不断的挑战

卡尔文·克莱恩从小就对服装有着一种特殊的眼光。巴里·卡斯沃兹的母亲每次去购买服装时，都要和卡尔文·克莱恩一起去。这种对服装的独特眼光，在他成为设计师后更加凸显了出来。

1970 年，卡尔文·克莱恩设计了正装、上装、裤子、裙子等多方面的服装。另外，他还特意为上班的女性设计了舒适的服装。

1972 年，卡尔文·克莱恩在运动服装领域也获得了成功。

他设计的服装与欧式风格的服装完全不同，主要追求简约和优雅。

越来越有自信的卡尔文·克莱恩这次向牛仔裤发出了挑战。在当时，牛仔裤还是一种比较土气的服装。到了 20 世纪 70 年代中期，牛仔裤在卡尔文·克莱恩的精心设计下变成了一款优雅时尚的服装。当时，卡尔文·克莱恩设计的

时尚领域

卡尔文·克莱恩从 1973 年起，连续三年荣获科蒂美国时装评论大奖，并获得过贝斯服装博物馆年奖。不仅如此，1993年，他还获得了美国时装设计师委员会大奖。

牛仔裤价格为50美元，虽然有点贵但还是有很多消费者前来购买。1979年,牛仔裤一周竟能售出25000条。

CK的牛仔裤给女性朋友们带来了时尚。可以说,以此为契机,女性们开始喜欢上了时尚品牌。

品牌背后的故事

20世纪70年代后期,CK推出了化妆品和香水。

CK的女用香水“Escape”的包装是由透明的瓶身和银色的瓶盖组成的。这款香水外形的设计源于卡尔文·克莱恩妻子收藏的一款古典香水。

男女共用香水“CK One”中的CK代表卡尔文·克莱恩,One代表男女共用。这款香水一经推出就受到了广泛欢迎。

CK的领域还发展到了内衣。1982年诞生的CK内衣,以它的实用性迅速占据了市场。如今,CK的内衣也已经成了时尚的代表。

家　乐　氏 Kellogg's®

名牌的诞生

1894 年的一天，凯洛格坐在哥哥的医院里发呆。他的哥哥约翰·凯洛格是美国著名的外科医生。

约翰·凯洛格看到弟弟整天无所事事，就让他在自己的医院里帮助研究开发适合患者们吃的食物。

凯洛格也厌倦了这种生活，他决定研究出一种新的食物，给哥哥一个惊喜。于是他每天都待在医院的厨房里。

一天，凯洛格像往常一样，在厨房里做玉米粥。当他正要从锅里把煮熟的玉米粥取出来的时候，被哥哥叫了过去。在出门

Hello!
I'm 家乐氏

品牌：家乐氏
（Kellogg's）
国家：美国
创始人：凯洛格
主要领域：饼干

时，凯洛格忘记了取粥。

直到第二天早上，凯洛格才想起锅里的玉米粥，他立刻来到厨房打开了锅盖。锅里的玉米粥已经变得十分僵硬了。一直想给哥哥一个惊喜的凯洛格，这下反而闯了祸。

凯洛格试着把变成一团的玉米粥放入了搅拌机，通过机器，玉米粥被搅成了一块一块的。看到这些，哥哥感到有些失望。凯洛格在上面倒了点水，结果一块一块的玉米粥变成了跟薯条差不多的模样。

这时，凯洛格灵机一动，将玉米粥用油炸了一遍，制成饼干。凯洛格把炸好的饼干拿给病人们吃。

病人们觉得饼干的口味非常好。凯洛格把这种饼干叫做玉米饼。他还用小麦、燕麦、大麦等制作了各种味道的饼干。

不断的挑战

玉米饼受到越来越多人的喜爱。在医院里尝过玉米饼的病人们，出院后还时常给凯洛格写信说他做的饼干很好吃。

凯洛格想这种饼干可能会给他带来财富。于是，他决定再制作一些饼干，送到便利店去卖。不过他的哥哥并不赞成这么做，因为如果失败了的话将会影响到医院的名誉。

1906 年，凯洛格决定开一家专门生产谷类饼干的公司，他在玉米饼里添加了糖并创立了"家乐氏"品牌。

凯洛格为家乐氏做了大量的广告。凯洛格在纽约的各大街头设置了广告牌。由于凯洛格的大力宣传，家乐氏的销量

逐渐上升。广告之前家乐氏的销量是一个月一火车皮，而广告之后的销量却是一天一火车皮。

凯洛格更加重视广告效应了。他在美国的各大城市设置了大型广告牌，还高薪请知名设计师为他设计广告。

曾在哥哥的医院里当厨师的凯洛格就因一次失误，变成了富翁。他发明的家乐氏饼干现在仍然受到世界各地人们的欢迎。

品牌背后的故事

以一个突发奇想获得成功的凯洛格，小的时候非常内向，学习成绩也很差。他的哥哥却一直都很优秀。生活在哥哥光环下的凯洛格在13岁时便辍学了。

1880年，刚刚结婚的他，没有一个稳定的工作，只好在哥哥的医院里当厨师。在那期间，他暗自下定决心，一定要开发出一种新的食物，给哥哥一个惊喜。

虽然家乐氏是在一次失误中诞生的，但是如果没有他不断地努力，也就不会有今天的成功。

柯　达 Kodak

Hello!
I′m 柯达

品牌：柯达
（Kodak）
国家：美国
创始人：乔治·伊士曼
主要领域：照相机、胶卷

名牌的诞生

1827 年法国人最先发明了照片。如今只需“咔嚓”一声就能拍好的照片，在当时却需要 30~40 分钟，有时甚至需要几个小时。而且，在拍照时，人必须一动不动地站着，不能有丝毫的晃动。另外，当时的照相机比现在的微波炉还要大，相当不方便。

美国人乔治·伊士曼解决了这些问题。柯达创始人乔治·伊士曼当时在一家银行工作，平时就酷爱照相的他决心发明一种简便的照相机。1888 年，他研制出了便携式照相机。以此为契机，乔治·伊士曼全身心地投入照相机领域。虽然他刚刚发明的

便携式照相机也存在着某些缺点，但是比起以前的大型照相机方便多了。

早期的柯达产品是通过报纸和杂志被人们所了解到的。柯达的广告词是由伊士曼亲自创作的。1897年,巨大的柯达广告牌匾首次在伦敦亮相。柯达公司还经常更换新的广告牌,向消费者展示其新的面貌。

美国航天员约翰·格伦飞上太空时，就是利用柯达胶卷拍摄照片的。

柯达为了照出更好的照片,不断地进行努力,不断地开发新产品。

商标的故事

柯达(KODAK)这个名字是伊士曼取的。英文字母“K”给人一种醒目的感觉。而“KODAK”这几个字母加在一起,并没有什么特殊意思。柯达创始人伊士曼说:“从语言学上说,‘柯达(Kodak)’这个词就像婴儿说的第一个‘goo’一样毫无意义——简洁、突兀、甚至有点粗鲁,字面上两端都由坚定不妥协的辅音字母截断,但它听起来就像你面前的相机快门声一样干脆。这不就是最好的名字吗?”

不断的挑战

数字扫描仪和计算机图形的出现使柯达面临危机。逐渐进入了“数字时代”,传统的胶卷很有可能被淘汰。柯达虽然意识到了危机,但是没有及时调整公司的经营战略重心和部门结构,错失了良机。

这时柯达的总裁是乔治·费舍,他认为柯达不能放弃传统的胶片产业。因此,柯达继续研发新的胶片产品,并努力地拓展海外市场。最终,柯达占据了传统胶片产品的市场垄断地位。

柯达成为全球最优秀的胶片生产公司。柯达不断地向发展中国家扩大市场,并且为了适应市场,特地开发出了4张和6张一卷的迷你胶卷。

不过,柯达为了适应时代的发展,实施了一项重大的战略性转变:放弃传

Kodak

↑柯达商标

统的胶卷业务,重心向新兴的数字产品转移。柯达公司与苹果公司合作开发了数码相机，还与微软公司合作开发出了数字胶片影像系统。

柯达能有今天的发展,离不开费舍的不断努力。他非常关心公司员工,还经常与研究人员通宵达旦地研究问题。即使是开发失败,他也从不对职员们大发雷霆,反而会去安慰他们,激励他们。柯达公司就是这样逐渐发展壮大起来的。

品牌背后的故事

伊士曼发明的第一款相机价格为 25 美元,胶卷是 10 美元。而当时一套西服的价格才只有 15 美元。因此,在当时,相机的价格是相当昂贵的。

于是伊士曼在 1900 年开发出了价格为 1 美元的相机。因价格昂贵而不敢照相的人们,终于可以尽情地照相了。

另外,伊士曼发明的胶卷还为爱迪生发明电影提供了便利。

本　　田

Hello!
I'm 本田

品牌：本田
（HONDA）
公司名称：本田公司
国家：日本
创始人：本田宗一郎
主要领域：摩托车、汽车

名牌的诞生

自由自在地穿梭在大街小巷的本田摩托车，它的发明者就是本田宗一郎。作为铁匠儿子的本田宗一郎，1948年在自己的故乡成立了本田摩托车公司，开始生产摩托车。

在那个缺乏零部件的年代，本田宗一郎用军用废弃物制作摩托车，使用的燃料是汽油和树脂。这种构造简单的摩托车制作工艺是自行车改良而成的。第二次世界大战后的日本交通非常不便，摩托车的出现给人们带来了极大的便利。本田宗一郎的摩托车事业越做越大，1950年在日本就拥有了5000家代理店，工厂也迁到了东京。

本田宗一郎对摩托车的制作工艺精益求精。20世纪50年代后期，新型发动机"超级杯"问世。这种发动机操作便利，是重型摩托车坚固的引擎。它在日本受到了广泛欢迎,使本田摩托车的销量直线上升。

两年后,本田公司建立了当时世界最大的摩托车工厂。到了20世纪60年代,本田公司生产的“超级杯”摩托车在亚洲各国都很畅销。

本田宗一郎初访欧洲时,还在英国参加了摩托车赛。第一次参加时他拿到了第5名,不过两年后就拿到了冠军。从此,本田摩托车在欧洲市场也受到了极高的评价。如今,本田已经成为世界著名摩托车品牌。

不断的挑战

在亚洲和欧洲获得成功的本田宗一郎,下一个目标是进军美国市场。但是,在当时的美国,摩托车被视为不良分子的象征。

要想在美国卖摩托车,就必须先改变人们对摩托车的旧观念。本田公司为了改变

人们对摩托车的负面印象，做了大量的工作。

本田摩托车的广告主题也展现了这一点。学生、家庭主妇、企业家等普通人士骑着本田摩托车的广告画被刊登在了美国各大主要杂志上。看到这些广告的美国人开始渐渐改变了他们原有的想法。

本田进入美国才不到几个月的时间，就创造了一个又一个销售佳绩。本田的广告越做越大，他们开始在美国的各大媒体上大做广告。有一次，还在某个重大的颁奖典礼上插播了广告。

在这样的努力下，本田摩托车卖得热火朝天。

本田公司不仅生产摩托车，还生产汽车。本田的第一辆汽车是在20世纪

↑本田摩托车

本田宗一郎

本田宗一郎出身贫寒，15岁时离开家乡来到东京，在东京的一家汽车维修厂工作了6年。在此期间，他掌握了有关汽车修理的技术。回到家乡以后，他开了一间汽车维修厂，一边修理汽车一边制作汽车零件。

他曾经还是个赛车手。不过在一次比赛中他受了重伤，不得不放弃了赛车生涯。从此，本田宗一郎开始专心研究生产摩托车了。

60 年代出厂的。先进的技术和独特的设计风格，使本田汽车的销量大增。

1975 年推出的“思域”是一种小型且价格低廉的后仓背式车款。那时美国正好发生第一次燃料危机，这款节能型车很快就被新闻记者，汽车行业者，大部分的公众消费者广为推崇。

本田公司的汽车以独到的技术逐渐占据了市场，本田公司如今已进入世界十大汽车公司的行列。

品牌背后的故事

本田宗一郎是从 1948 年开始制作摩托车的。当时日本的汽车和摩托车大部分是同外国合作生产的。本田宗一郎一心想开发出自己独到的技术，于是他努力地学习技术，开发出了一种独特的汽车轮胎，并获得了专利。在他的这种执着精神的带领下，本田公司的技术水平得到了迅速的提高，在世界上赢得了声誉。

本田宗一郎用自己开发的技术创造了一个世界名牌，他深受日本人的尊敬。

好　　时 HERSHEY'S

名牌的诞生

出生在宾夕法尼亚州的米尔顿·好时，15岁时在一家饼干厂工作。学到了技术的好时，19岁时在舅妈的帮助下，开了一家饼干店。好时制作了各种各样的饼干，赚了不少钱。

1893年，好时在芝加哥的万国博览会上看中了一台机器。这个机器是莱曼商会推出的用来制作巧克力的机器。好时当场购买了这台机器。

引进巧克力机的好时一边生产饼干一边制作巧克力。不过，好时在访问欧洲以后，做出了一个重大的决定。

好时卖掉了饼干厂，并在宾

Hello!
I'm 好时

品牌：好时
（HERSHEY'S）
公司名称：好时公司
国家：美国
创始人：米尔顿·好时
主要领域：巧克力

夕法尼亚州的德里镇（后来改为好时镇）建立了巧克力工厂。好时坚信巧克力将会成为人们喜欢的食品。好时巧克力就这样诞生了。

有过营销经验的好时，在经营巧克力方面也展现了自己卓越的才能。他为生产优质巧克力聘请了营养师，在生产过程中还特别注重卫生。好时英明的经营给公司创造了巨额的利润，好时公司生产的巧克力派和可可豆席卷了整个美国。

机械化生产提高了巧克力的生产量。20世纪20年代中期，好时公司每天约生产23000公斤的可可豆。

好时"KISSES"巧克力被誉为美国巧克力工业的标志。这种巧克力非常有人气，20世纪80年代好时公司每天都要生产1500万个"KISSES"巧克力。

好时镇

好时镇有很多有趣的道路名称。比如贯穿镇中心的"巧克力大街"和"可可豆大街"。

另外，道路两侧的路标，甚至连巧克克大街上的路灯、灯罩也是"KISSES"巧克力形状。

好时镇犹如一个巧克力的海洋，被称为"世界上最甜蜜的地方"。

不断的挑战

好时把从巧克力制造业中赚来的钱用在了建设好时镇上。

初创巧克力制造业时，好时镇还是一片少有人烟的牧场。好时先生以他过人的智慧和长远眼光设计了这里的一切。

好时公司铺筑了道路，修建了医院，建筑了体育馆、剧场、游乐场、巧克力温泉等几乎镇上的一切公共设施，并带头把好时镇建成美国小城镇绿化建设中的模范。

制作奶油巧克力时，所使用的牛奶也都是在好时镇的牧场生产的。

古巴也有生产白糖的好时镇。古巴的好时镇虽然没有美国宾夕法尼亚州的好时镇规模大，但是那里的设施也很齐全。古巴的好时镇还设有棒球场。

现在,好时公司与 M&M 公司占据了美国糖果市场的70%。

虽然米尔顿·好时在 85 岁时离开了人世，但他建立的好时镇依然存在。到现在还有很多游客到此参观学习。在这里游客们还可以根据自己的爱好亲手制作喜欢的巧克力派和“KISSES”巧克力。

品牌背后的故事

1937 年，好时公司还为军人们制作了巧克力。1939 年至 1941 年美国的南极探险家们曾带着好时巧克力进行了 3 次探险。

几年前,在南极一米深的冰层下发现了好时巧克力。据推测,这些巧克力是当时的探险家们留下的。

好时公司收藏了这些巧克力。这些巧克力经过 60 多年后重新回到了好时公司。在南极发现的好时巧克力与现在巧克力的大小以及味道有很大差别。

舒　洁

Hello!
I'm 舒洁

品牌：舒洁
（Kleenex）
公司名称：金佰利公司
创始人：金佰利
主要领域：纸巾

名牌的诞生

第一次世界大战期间，食品和衣物极其珍贵。

而在当时最为紧缺的当属药品，所以很多企业都纷纷投入生产生活必需品的领域中。

当时，生产纸制品的金佰利也进入了这个领域。他利用少量的棉和纸浆纤维制作了棉纸，创立了舒洁纸巾。吸收性极强的舒洁成为军队的必备品，受到了极大的欢迎。

不过战争一结束，人们就不再需要舒洁了。

金佰利并不想放弃辛辛苦苦开发出来的新产品，于是他决定对棉纸进行改良。金佰利首先想到了美容产品。金佰利公司把棉纸改良成了薄的化妆用面纸。不过这种刚刚问世的化妆用面纸并没有受到人们多大的关注。

消费者们从来没有用纸巾卸过妆,再加上这种纸巾价格也比较贵,所以根本没有人想购买舒洁纸巾。

金佰利公司想到了好莱坞和百老汇的明星。这些明星要是在卸妆时使用舒洁纸巾，效果一定会很好。

金佰利公司立即找来众多明星做广告。果然，舒洁纸巾的销售量开始有所上升了。

生活必需品

有了舒洁纸巾之后，很多家庭开始使用面纸了。而舒洁纸巾刚问世时，则因价格昂贵并没有受到大众欢迎。

如今纸巾已经成为我们生活的必需品。日本的某研究机关对人们每天使用纸巾的量进行了调查。结果发现男性平均每天要用3.5m的纸巾，而女性则平均每天用12.5m的纸巾。

不断的挑战

金佰利公司努力地宣传舒洁纸巾，并在销售中收到了很多消费者的来信。

消费者们反应舒洁纸巾非常好用，男性们也非常喜欢使用它。消费者们还希望公司能开发一种一次性的手绢。

金佰利公司立即投入研发产品的工作当中。1921年，一个叫做安德鲁·奥尔森的发明家发明了可以自动抽纸的盒子。金佰利公司把这个盒子与公司的产品结合在了一起。从那以后，舒洁纸巾更加广为人知。

这种面纸质量非常好，甚至成了一次性的手绢。金佰利公司还为这种新产品做了大量的广告。

广告果然奏效，很多餐厅都开始在餐桌上摆上了舒洁纸巾。

有一天，金佰利发现孩子们把擤鼻涕后的手绢放进了口袋。金佰利灵机一动，想到了一个很好的广告语。这便是舒洁纸巾的经典广告语："请不要随身携带流感。"

从此之后，更多的消费者选择了舒洁纸巾。他们用舒洁纸巾代替了手绢。

品牌背后的故事

金佰利公司在推出舒洁纸巾的同时，还向公众介绍了 12 种这种纸巾的家庭用法。

在家庭，舒洁纸巾可以用来擦拭家具上的灰尘，还可以用来擦拭汽车玻璃，擦拭餐具等。

到了 1936 年，舒洁包装纸介绍的纸巾用法就达到了 46种。不过，现在已经没有必要再特意介绍纸巾的用法了。因为"舒洁"已经成了纸巾的代名词。

亨　　氏 Heinz

Hello!
I′m 亨氏

品牌：亨氏
（Heinz）
国家：美国
创始人：亨利·约翰·海因茨
主要领域：果泥

名牌的诞生

很多人都认为果泥是美国人最先发明的，但事实上，果泥最早出现在中国。

1690 年，中国人用米醋、食盐、香料等制作成了炒菜时放的调味汁。这种调味汁后来被传到了马来西亚。

18 世纪初，新加坡商人把它卖给了英国人，从此在欧洲广为流传。

此后，英国的一位厨师对它进行了改良，并把它叫做果泥。

当时有鱼、牡蛎、柠檬、番茄等 8 种口味的果泥。1792 年，一本食谱里介绍了番茄酱，从此果泥在美国广为人知。

亨利·约翰·海因茨在原有果泥口味的基础上，发明了辣椒、酸菜、食醋等口味的果泥，他被称作为加工食品天才。海因茨一直都希望能给美国人带来一种崭新的味道。经过苦思冥想，联想到了主妇们做番茄酱的情景。海因茨决定开发一种既容易买到又符合美国人口味的果泥。

海因茨不断地进行研究。他利用番茄、食醋、食盐、香料等原料终于调制出了理想的口味。

1876年，海因茨把自己研制出的红色的调味料装到瓶子里开始销售。如今，“亨氏”已经成为代表果泥的世界品牌。

绝妙的宣传

1941年，亨氏公司为了宣传刚刚开发出来的“57号”品种，想出了一个绝佳的办法。

电影明星玛丽莲·梦露的前夫乔·迪马乔要是能在57场棒球比赛中都能创造新安打记录，亨氏公司就支付给他25000美元的奖金。

观众们都非常关注棒球比赛。57这个数字自然而然地也成了观众们关注的对象。亨氏的“57号”品种也得到了广泛宣传。

不过迪马乔没能保持57场安打纪录，所以，亨氏公司没有花一分钱就很好地宣传了产品。

不断的挑战

20世纪60年代，亨氏公司竞争对手们的销售量也纷纷赶了上来。海因茨为了占据市场的有利地位做了很多工作。他首先下调了价格，并最先开发了大容量果泥。

另外，亨氏还邀请著名广告公司DDB(Doyle Dane Bernbach)为他们制作了广告。在这样的战略下，亨氏公司的产品占据了一半以上的美国市场。

亨氏公司还因具有独创性的广告而闻名。这是1892年至1893年间芝加哥哥伦比亚博览会期间发生的事情。亨氏公司为了宣传产品装饰了展示厅。不过设在博览会场二楼角落的亨氏展示厅里，来参观的人寥寥无几。为了招揽

↑亨氏果泥

参观者，海因茨想出了一条妙计。他印制了很多亨氏宣传卡片，并在卡片上写道：“如果拿着这张卡去参观亨氏展览厅，就可以免费获得一瓶亨氏番茄酱。”这个方法果然奏效，不一会儿就有很多人前来参观了。

各大报纸和媒体看到这种情景，也纷纷过来采访亨氏了。海因茨再一次没有投入多少钱就为宣传亨氏做了一个很好的广告。

品牌背后的故事

1889年，亨利·约翰·海因茨建了一座在当时非常先进的大厦。这座大厦成了亨氏公司的总部和工厂，每年都会有20多万人前来参观学习。

这里还为职员们设立了体育馆、游泳馆、食堂、医院等福利设施。最让人不可思议的是，在大厦的3层竟然还有马棚。亨氏公司为了运送产品养了很多马。马棚里的设施非常先进，给马喂食洗澡等工作都是由机器完成的。这些先进的程序一度成为人们前来参观的对象。

飞　利　浦 PHILIPS

Hello!
I'm 飞利浦

品牌：飞利浦
（PHILIPS）
国家：荷兰
创始人：弗里茨·菲利普斯
最佳经营者：杨·蒂默
主要领域：照明产品，
剃须刀

名牌的诞生

飞利浦是 1891 年在荷兰安多芬由弗里茨·菲利普斯创立的。创立初期生产碳丝灯泡，经过不断创新及逐渐拓展营运范围，现在主要生产电视机、收音机、电动剃须刀、半导体、医疗保健等产品。

飞利浦是一家重视研究和开发的公司。公司设有物理化学研究所，专门进行新产品的研究和开发。碳丝灯泡是飞利浦公司最初的人气产品。

飞利浦生产的热销产品医疗设备 X 射线管和音响设备晶体管，是飞利浦成为世界知名品牌的重要筹码。如今飞利浦已经是代表荷兰的名牌产品了。X射线管至今还应用于医院的医疗设备。

经过不断的研究，飞利浦还自主研发了电视机和收音机。另外，1939年，飞利浦推出了著名产品飞利浦剃须刀。这种电动剃须刀在第二次世界大战之后，在全球范围内广为热销。

随着产品的热销，飞利浦成为全球最大的电子公司之一。以照明产品为主的飞利浦，现在已发展到了半导体、家庭电器、医疗系统等多个领域。

飞利浦公司的规模也在逐步壮大，雇佣员工数已达到30多万。

飞利浦虽然也面临过危机，但是在当时的总裁杨·蒂默的英明领导下，重新组建了经营结构，成为世界性的品牌企业。

不断的挑战

到了20世纪80年代，飞利浦开始受到来自日本电子产品的冲击。日本电子产品凭借价格低廉、外观华丽的优势，在欧洲受到了广泛欢迎。虽然飞利浦首先开发了高性能产品，但是在销售方面却跟不上日本产品。飞利浦的业绩开始逐渐下滑，负债也越来越多。

这时，飞利浦的销售经理杨·蒂默坐上了总裁的位子。杨·蒂默19岁就开始在飞利浦公司营业部工作，1963年当上了埃塞俄比亚分公司经理。

杨·蒂默与其他大型企业总裁不同的是，他只有高中学历，但是，丰富的工作经验，使他坐上了公司总裁的位置。

刚刚上任的杨·蒂默首先整顿了公司内部结构。他果断地撤掉了多余的部门和人员，4年内共辞去了5万多人，人们称他为“屠夫”。

他把工作重心从开发新产品转移到了营销方

杨·蒂默

杨·蒂默出生在荷兰东部的一个小山村。他的父亲经营着一家面包店。小时候的他与其他孩子没有什么区别，喜欢到河边嬉戏，非常淘气。杨·蒂默高中毕业后就在飞利浦的工厂就职了。就这样，他逐渐成了飞利浦的最佳经营者。

↑飞利浦剃须刀

面。为了了解飞利浦产品落后于日本产品的原因，他还特意组织了飞利浦员工讨论会。

在杨·蒂默及全体飞利浦员工的努力下，飞利浦产品的销售量有了大幅增加。3 年内，飞利浦公司的负债减少了一半，股价上升了将近两倍。飞利浦开始迎接新的挑战。

品牌背后的故事

作为最佳经营者的杨·蒂默还曾经经营了 4 年的宝丽金唱片。当时宝丽金唱片正处于亏损状态，杨·蒂默的经营使宝丽金唱片成为宝丽金公司最盈利的部门。其实杨·蒂默在经营宝丽金唱片时，对音乐并不了解。在音乐方面他是个门外汉，但是他为了宝丽金唱片，认真地学习了有关知识。

另外，在经营宝丽金唱片时，他从来都没有举行过会议，他只按照自己的想法向前冲。

宝丽金唱片在杨·蒂默的经营下，也成了知名品牌。

哈根达斯 Häagen-Dazs

Hello!
I'm 哈根达斯

品牌：哈根达斯
（Häagen-Dazs）
国家：美国
创始人：鲁本·马特斯
主要领域：冰激凌

名牌的诞生

1921年，鲁本·马特斯与母亲一同从波兰移居到了美国。母亲依靠制作柠檬冰来维持他们母子的生计。

1932年，马特斯以制作世界上最好的冰激凌为目标，在布朗克斯创办了一家冰激凌公司。从那时起，他就开始制作冰激凌了。不过他并不满足于整天制作冰激凌、销售冰激凌的生活。

于是，马特斯决定将生产的冰激凌送往大型超市销售。马特斯的战略获得了一定的成功。大型超市里的冰柜一年四季都可以摆放冰激凌。

不过好景不长，在其他大型

企业的竞争下，马特斯公司生产的冰激凌销量逐渐下滑。

马特斯开始思索新的方法了。他决心制作出无可匹敌的高级冰激凌。马特斯采用纯天然材料，制作出了不含任何防腐剂、人造香料、稳定剂和色素的高级冰激凌。

1961 年，马特斯将这种冰激凌命名为“哈根达斯”，并在美国正式上市。

“哈根达斯”中的“哈根”取自丹麦首都哥本哈根，而“达斯”没有什么独特的意义。

哈根达斯最初推出了香草、咖啡、巧克力等 3 种口味的冰激凌，在美国东部首次亮相就大受欢迎。不久，西部也进来了很多订单。1970 年开始，哈根达斯冰激凌销售量直线上升。

马特斯想要制作世界上最好冰激凌的梦想实现了。纽约《时代》杂志赋予了哈根达斯“冰激凌中的劳斯莱斯”的美名。

不断的挑战

马特斯努力地把哈根达斯打造成最好的冰激凌。哈根达斯冰激凌选用的材料都是纯天然的高级材料。马特斯还为哈根达斯贴出了很高的价格。别人都提醒他，价格太贵不会有多少消费者。

不过马特斯却有着自己的想法。昂贵的价格会给享用哈根达斯的消费者带来一种自豪感。事实证明，马特斯的战略是正确的，果然有很多人前来购买哈根达斯冰激凌。

没有做任何广告的哈根达斯，销售量逐渐上升。此时，在美国还有很多人咨询在哪儿购买哈根达斯。

马特斯整天都在思索着怎样才能在全美国更快地销售哈根达斯。这时，马特斯

↑哈根达斯冰激凌封盖

纯天然冰激凌

不含任何防腐剂、人造香料、稳定剂和色素，100%纯天然原料制作的哈根达斯冰激凌，它的各种原料来自世界各地。香草来自非洲马达加斯加岛，核桃坚果(pecan nut)来自美国新墨西哥和夏威夷，巧克力来自比利时，咖啡来自巴西，等等。

哈根达斯冰激凌不仅热销于美国，20世纪90年代还进军到了欧洲、亚洲和中东地区。

的女儿帮他出了个主意，那就是开专门卖哈根达斯的冰激凌店。

于是，第一家哈根达斯甜品屋在纽约的布鲁克林正式开业。

此后，在美国的很多地区出现了哈根达斯甜品屋。哈根达斯还推出了雪糕、雪糕条、雪葩及冰冻奶酪等甜品。

品牌背后的故事

哈根达斯在以色列非常有人气。在法国要经过5年才能达到的市场占有率，在以色列6个月就达到了，这都是因为马特斯看准了以色列人喜欢冰激凌的特点。

再加上喜欢到处旅游的以色列人早就知道哈根达斯冰激凌的名气了，于是，马特斯抓住机会，在以色列开了很多家哈根达斯甜品屋。喜欢冰激凌的以色列人终于可以在自己家门口吃到甜美的冰激凌了。在世界各地深受欢迎的哈根达斯至今仍是高级冰激凌的代表。

海　　尔　Haier

Hello!
I'm 海尔

品牌：海尔
（Haier）
公司名称：海尔集团公司
国家：中国
首席执行官：张瑞敏
主要领域：家电

名牌的诞生

1984 年，张瑞敏出任青岛电冰箱总厂厂长，他带领员工抓住机遇，加快发展，创造了从无到有、从小到大、从弱到强的发展奇迹，创立了“海尔”这一世界名牌。

1992 年，中国经济进入一个新的发展时期，海尔抓住时机先后兼并青岛电冰柜总厂、青岛空调器厂和青岛红星电器股份有限公司等 18 家企业，兴建海尔园开始二次创业，现在海尔产品涉及冰箱、冷柜、空调、洗衣机和彩电、计算机、手机等领域，形成 46 个系列，8600 多个品种规格的多元化产品群。

不断的挑战

自 2002 年以来，海尔品牌价值连续 7 年蝉联中国最有价值品牌榜首。2008年6月，在《福布斯》"全球最具声望大企业600强"评选中，海尔排名13位，是排名最靠前的中国企业。海尔不断荣获着一系列的荣誉，并跻身世界级品牌行列，其影响力正随着全球市场的扩张而快速上升。

↑海尔冰箱

海尔将继续发扬"创造资源、美誉全球"的企业精神，搭建全球化运营的物流、资金流、信息流网络，创出中华民族自己的世界名牌！

品牌背后的故事

2008年，海尔成为北京奥运会的赞助商，而且，为了表彰中国健儿的奋勇拼搏精神，海尔集团不仅向获得金牌的中国运动员赠送整套家电，同时启动"海尔奥运希望小学"计划，即中国健儿每获得一枚奥运金牌，海尔就捐建一所希望小学，并以冠军的名字命名，让"奥运之光，点燃希望"，把奥运精神带到希望小学的小朋友身边。

特 百 惠 Tupperware®

名牌的诞生

Hello!
I'm 特百惠

品牌：特百惠（Tupperware）
国家：美国
创始人：伊尔·特百
最佳经营者：布朗妮·惠思
主要领域：塑料保鲜容器

1939 年，美国化学家伊尔·特百先生在石油提炼过程中，得到了一种无毒、质轻耐用且可塑性极强的材料。他受油漆罐盖的启发，将其制成了具有神奇的食品保鲜效果的塑料容器和与之配套的密封盖。

1947 年，特百先生制作的塑料保鲜容器“特百惠”首次问世。此后，他继续制作了很多形状的塑料容器。不易破碎又简洁轻便的“特百惠”成为美国人的至爱。

特百惠的优点在于它的密封盖。每当人们打开瓶盖时，都会发出“砰”的一声。这种声音几乎成为特百惠的注册商标。

特百惠的发展还得益于冰箱。不密封的容器里装的食物,放在冰箱里可能就会脱水,变得干巴巴的,但是用了特百惠就不会产生这种问题。把食物放进完全密封的特百惠里,既能保鲜又能防腐。主妇们的苦恼从此一去不复返了。

不过,特百惠也不是刚一上市就受到广泛欢迎的。虽然特百惠保鲜性能很好,但是它的密封盖实在是太紧了,每次要打开它都很费力。

主妇们并不了解特百惠的功能,它的外观与其他的塑料容器没什么区别。于是,主妇们宁愿选择普通的容器,也不愿

购买打开费力的特百惠。

特百先生为了让大家明白特百惠的优点，特地举办了产品说明会。结果特百惠的特点得到了广泛认可，大家开始纷纷购买特百惠。特百惠还远销到了英国、法国和日本等国家。

不断的挑战

特百惠的发展离不开伊尔·特百和布朗妮·惠思的巧遇。

布朗妮·惠思既是一名家庭主妇又是一名家居用品销售者。布朗妮·惠思使用特百惠之后，了解到特百惠的密封盖确实很紧，不过它的保鲜效果极佳。于是，她心里萌生了一个念头，那就是销售特百惠肯定能比销售普通家居用品更赚钱。

当时，很多主妇都不了解特百惠，所以在销售之前首先必须进行产品说明。布朗妮·惠思是个专业销售者，在营销方面她很拿手。布朗妮·惠思开始专注于特百惠的销售。

1949 年，特百先生与布朗妮·惠思的合作，使得特百惠的销量更上了一层楼。布朗妮·惠思希望特百先生能快速地向她提供更多的货物。

出色的营销

特百惠的密封功能帮了潜水员们的大忙，使潜水员们在深水里也能吃到新鲜的食物了。

另外，还有因特百惠获奖的人。有人用特百惠将椰子汁保存了34 年，因此创造了将食物保存最长时间的记录。

特百先生最初发明的塑料容器还被“现代艺术博物馆”和“史密森尼博物馆”所收藏。

在布朗妮·惠思的努力下，特百惠的销量急剧上升。于是，特百先生向她请教销售秘诀。布朗妮·惠思的销售方法出奇的简单,就是在人多的聚会场所进行销售。

特百先生认为布朗妮·惠思有着独到的营销策略，因此任命她当公司副总裁。此后，布朗妮·惠思以自己独到的方法,将公司经营得有声有色,她自己也在 1951 年成为特百惠最佳经营者。

品牌背后的故事

特百惠在世界各国被广泛使用。印度尼西亚的主妇们也非常喜欢使用特百惠,她们还自行组织了听取特百惠产品说明的俱乐部。这个叫做“午后咖啡”的俱乐部每次举办都会吸引很多主妇前来光顾。

将近两个小时的俱乐部活动，由竞赛、颁奖、礼品赠送等多个环节组成。另外,还少不了对特百惠的产品说明,主妇们都非常认真地听取说明。

嘉 宝 Gerber Scientific Products

Hello!
I′m 嘉宝

品牌：嘉宝
（Gerber）
公司名称：嘉宝公司
国家：美国
创始人：葛柏尔
主要领域：婴儿食品

名牌的诞生

1927年夏季的某一天，美国企业家葛柏尔正准备与妻子外出。葛柏尔穿好衣服在门外等着妻子，但过了很久妻子也不出来。于是他推开了房门，走进卧室的葛柏尔看到妻子正为女儿准备婴儿食品。

当时的母亲都是亲手为婴儿准备食品的。她们每天都要磨大豆，准备蔬菜。这样的过程每天都要有两三次，实在是件麻烦的事。葛柏尔心想，要是能大量制作生产婴儿食品就好了，这样妻子就不用每天都为孩子忙碌了。

那时，恰好葛柏尔的父亲经

营着一家食品工厂，于是葛柏尔每天都在父亲的工厂里研究营养均衡的婴儿食品。同时，他还进行了市场调查，了解了母亲们对婴儿食品的要求。

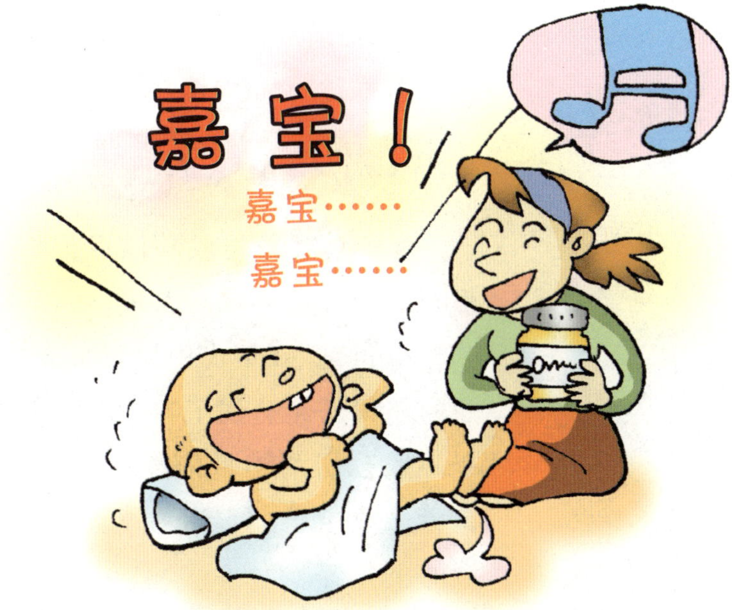

1928 年，葛柏尔父子终于研制出了婴儿食品，这就是"嘉宝"婴儿食品。

不过，他们并没有把开发出来的食品立即投入市场，而是拿给营养师进行了详细的营养分析，然后改善了不足之处。

此后，他们才把婴儿食品摆到了柜台上。当时的人们不能直接购买婴儿食品，而是要根据医生的处方购买，这样的过程给人们带来了很多不便。葛柏尔父子了解情况以后，直接把婴儿食品摆到了食品货架上。

嘉宝婴儿食品不仅食用方便，而且种类繁多。再加上用各种蔬菜制成的婴儿食品，营养当然也很丰富了。嘉宝婴儿食品的广告一出，马上就有很多商家前来订货了。

此后，嘉宝公司成为一家专门研制婴儿食品的公司。到现在这家公司还在不断地进行研究和开发着新产品。

独特的广告

嘉宝婴儿食品能成为世界名牌，要归功于葛柏尔父子的独特广告。

他们在各大商场贴出了巨大的广告横幅，还亲自上街做宣传活动。嘉宝公司还是最早利用电视媒体做婴儿食品广告的公司。

不断的挑战

看到嘉宝公司成功以后，很多公司都相继投入婴儿食品领域。

20 世纪 30 年代中期，生产婴儿食品的公司已经达到了 60 多家。但是，没有一家公司的销量能超过嘉宝公司的销量。嘉宝公司已经成为婴儿食品领域的主导者。

嘉宝公司并不只是单纯地进行食品生产，还是专门研究婴儿营养和健康的公司。为了提高产品质量和服务，嘉宝公司不断地进行着研究。嘉宝公司运营着世界最权威的婴儿营养研究机构，这足以证明嘉宝公司在育儿方面所做出的努力。

当葛柏尔父子正式投入婴儿食品开发领域时，他们收到了很多封关于育儿方面的信件，葛柏尔的妻子对此一一做了解答。

不仅如此，葛柏尔的妻子还在报纸上发表了“育儿方法”。葛柏尔也在1930年出版了有关育儿方面的书籍。

嘉宝公司对用于制作婴儿食品的农作物进行严格把关，绝不允许有毒有害物质进入食品生产。

如今，嘉宝公司还生产婴儿用的奶瓶、餐具等容器，专门开发婴儿需要的东西。

↑嘉宝公司标志

品牌背后的故事

嘉宝公司的标志是一个可爱的婴儿，嘉宝婴儿食品的包装上都印有这个可爱的婴儿。嘉宝公司为了制作这个婴儿标志，在全国范围内进行了征集活动。结果一个叫做史密斯的画家用木炭画的婴儿图像被选中了，不久，这款婴儿图像就成了嘉宝公司的象征。婴儿可爱甜美的微笑能使人的心情愉快。这幅图的原版至今仍被保留着。

吉　　列 Gillette

Hello!
I'm 吉列

品牌：吉列
（Gillette）
公司名称：吉列公司
国家：美国
创始人：坎普·吉列
主要领域：安全剃刀

名牌的诞生

1895年，坎普·吉列还是一个普通的推销员。一次出差的机会，他来到了波士顿。

非常疲惫的他不小心睡觉睡过了。眼看与客户约定的时间马上就要到了，吉列匆忙地刮着胡须，心急如焚的他不小心刮破了脸。

这时吉列心想，要是有一种不会刮破脸的安全剃须刀就好了。

但是，他整天忙于推销，开发出理想的剃须刀并不是一件很容易的事情。过了很长一段时间，吉列还是没有开发出称心如意的剃须刀。

有一天，吉列在理发店理发。他对理发师剪头发的动作格外留意。理发师一边用木梳梳头一边用剪子剪头。

理发师的动作给了吉列一个很大的启发。理发师只剪掉翘出木梳的多余的头发，所以不会伤到皮肤。

吉列利用这个原理，制作出了剃须刀，他很快又发明了安全剃须刀。在朋友尼克森的帮助下，吉列于1901年成立了吉列公司，并开始专门研制和生产剃须刀。

吉列对自己的产品非常有自信。剃须刀的销量也正如他的预想，销售得非常快。

吉列公司的剃须刀在生产两年内就出口到了20多个国家。如今吉列剃须刀已经成为大多数男人的必备用品。

不断的挑战

最先开发安全剃须刀的吉列公司，在1970年开发出了用后丢弃的一次性剃须刀片，再一次受到了广泛欢迎。

不过，一次性剃须刀片也给一直追求高品质质量的吉列公司带来了某些负面影响。再加上20世纪80年代吉列公司两次扩大规模，给公司带来了一定了经济压力。

为了缓解经济压力和改变形象，吉列公司全力投入新产品的研究开发当中。

经过不断的努力，吉列公司终于研制出了新产品。20世纪90年代，社会上的人们开始越来越提倡和注重男女平等。借此机会，吉列公司推出了"女性用剃毛刀"。

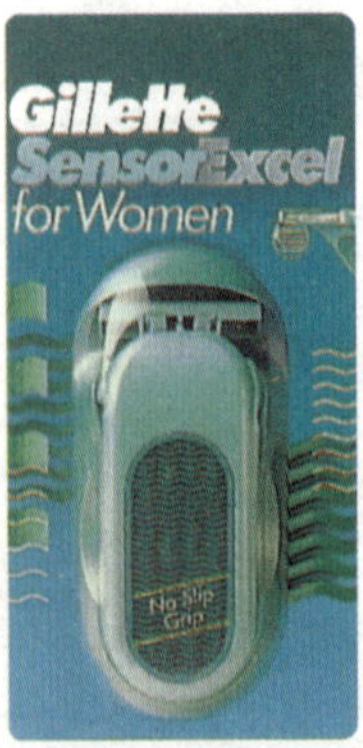

↑吉列女性用剃毛刀

吉列的发明

吉列很喜欢发明。

他发明的电缆管道、阀门以及轴承都曾获得过专利。不过当时资金不足的吉列，没能把自己的发明商品化。

产品刚刚问世的时候，很多企业都认为这次吉列公司一定会失败，但结果却恰恰相反。

很多女性都购买了这种剃毛刀。产品推出6个月，销量就大幅上升。虽然很多公司也相继推出了与此类似的产品，但销量远远比不过吉列公司。

吉列能成为世界性的品牌，正是因为有不断创新的精神。

品牌背后的故事

1891年时，吉列是一家公司纽约和英格兰地区的负责人。这家公司的老板威廉·佩因特是一次性克朗瓶盖的发明者，他一直非常看好吉列的发明天赋。有一次，威廉·佩因特提醒吉列说：“多发明些一次性使用的东西，这样顾客就会回来购买更多的。”

为此，吉列绞尽了脑汁，一个早晨，他在刮胡子的时候突然找到了灵感，发明了一次性剃须刀片。

著作权合同登记号:图字01-2009-7830
本书由韩国知耕社授权,独家出版中文简体字版

图书在版编目(CIP)数据
世界50 大品牌 /(韩)向日葵著;(韩)黄灿绘;
金向德译. - 北京:九州出版社,2010.1(2021.7 重印)
(精品中的精品)
ISBN 978-7-5108-0298-0
Ⅰ.①世… Ⅱ.①向… ②黄… ③金… Ⅲ.①商品-
世界- 青少年读物 Ⅳ.①F76-49
中国版本图书馆CIP数据核字(2009)第240158号

世界50大品牌

作　　者　(韩)向日葵 著　(韩)黄　灿 绘　金向德 译
出版发行　九州出版社
地　　址　北京市西城区阜外大街甲35 号(100037)
发行电话　(010)68992190/2/3/5/6
网　　址　www.jiuzhoupress.com
电子信箱　jiuzhou@jiuzhoupress.com
印　　刷　天津新华印务有限公司
开　　本　710 毫米 × 1000 毫米　16 开
印　　张　13
字　　数　125 千字
版　　次　2010 年1 月第1 版
印　　次　2021 年7 月第3 次印刷
书　　号　ISBN 978-7-5108-0298-0
定　　价　49.90 元